>中学语文读写丛书<

马千里>主编

精短美文选读

山东人民出版社

再版序

2003年,应山东人民出版社之邀,我们组织编写了《精短文言文选读》一书。该书面世后,受到了广大中学教师和学生的热烈欢迎,有的地方甚至被教育部门、学校指定为中学生阅读推荐用书。我们也陆续收到了很多中学生和教师的函电,他们对书中的一些错讹之处给以斧正,更给以了颂扬和鼓励。对此,我们不胜感激;并在以后图书加印过程中不断使之完善。唯有此,才不辜负广大师生的殷殷之情。

按最初的计划,我们是要编写一套《中学语文读写丛书》,《精短文言文选读》是其中一本。但时过境迁,由于各种原因,这套丛书没能如期实现。值此修订再版《精短文言文选读》之际,我们又编写了《精品古诗词选读》(陈靖主编)一书,作为其姊妹篇,以期完成夙愿,并对广大中学师生有更大的裨益。

再次对广大读者的支持表示衷心的感谢!

编　者

2009年12月

前　言

叶圣陶先生曾经说过："为养成阅读的习惯，非多读不可，同时为充实自己，也非多读不可。"但一本语文教科书，也就三十几篇文章，学生阅读仅止于此显然是远远不够的。怎么办？这就要由课外阅读来补充。要拿课内学得的知识去对付课外的文章。课内课外结合起来，学生的阅读能力才能提高。可是，长期以来，由于种种因素的影响，课外阅读并未得到重视。

2000年新修订的《九年义务教育全日制初中语文教学大纲》，适应素质教育的发展，对语文教学提出了新的要求，即要"重视创设语文学习的环境，沟通课本内外、课堂内外、学习内外的联系，拓宽学习渠道，增加学生语文实践的机会"，并且对课外阅读作出了明确的规定："课外自读每学年不少于80万字。"一时间，新华书店的课外读物供不应求，学生中掀起了一股强劲的读书热潮。这是一种非常可喜的现象。

中学生应该读什么书？凡是内容健康、适合中学生的阅读水平的书都可以读。从语文的角度去看，大致可分为现代文和文言诗文两大类。关于文言诗文的阅读，新大纲要求学生"诵读古代诗词和浅易文言文，能借助工具书理解内容，背诵一定数量的名篇"，并列出了古诗文背诵推荐篇目。在新编初中语文教材中，古诗文占到了全书的1/3。由此可见，文言文在中学语文教学中又重新得到重视。中国古典诗文思想深刻，内涵丰富，节奏鲜明，语言凝炼，可以说是文质兼美。多吟诵古典诗文，可以陶冶情操，培养审美情趣，提高思想修养，对一个人的人文品质的塑造具有潜移默化的作用。同时，古诗文中优美的语言，独到的技巧，对写作也会有很大的影响。但是，目前现代文读物琳琅满目，而文言文读物却少而又少，这不能不说是一种缺憾。

鉴于此，我们策划编写了这本《精短文言文选读》。本书的特点是：①思想性强。选文涵盖品德、意志、理想等诸多方面，以求对学生的人文品质产生熏陶作用。②选文精短。少则几十字，多不过二三百字，易诵易背。③内容浅近。学生用课内所学文言文知识及工具书能比较容易地读懂，不会增加负担。④趣味性强。选文多是为学生所熟知的小故事,容易引起学生的阅读兴趣。⑤原文后有注释、译文、简析及思考题。既能帮助学生理解文章,又能拓宽思路,锻炼思维能力。另外,书尾附有几篇短文,是关于文言文阅读方法、技巧指导及初中文言文知识归纳的,希望能对中学生朋友学习文言文有所裨益。

编　者

2003 年 1 月

目　录

附　录

子产不毁乡校[1]

郑人游于[2]乡校，以论执政。然明[3]谓子产[4]曰："毁乡校如何？"子产曰："何为！夫[5]人朝夕退[6]而游焉，以议执政之善否。其所善者，吾则行之；其所恶[7]者，吾则改之：是吾师也。若之何[8]毁之？我闻忠善[9]以损怨[10]，不闻作威以防怨。岂不遽止[11]然犹防川：大决[12]所犯，伤人必多，吾不克[13]救也；不如小决使道[14]——不如吾闻而药之也。"

（《左传·郑子产乡国》）

【注释】

①[乡校]郑国乡间公共场所。既是学校，又是乡人聚会议事的地方。 ②[于]在。 ③[然明]郑国大夫。 ④[子产]郑国国相。名公孙侨，一字子美，郑大夫公孙发之子。为人有见事之明，应变之略。孔子称他为"古之遗爱"。 ⑤[夫]句首发语词。 ⑥[退]指工作完毕的休息时间。 ⑦[恶(wù)]厌恶。 ⑧[若之何]怎么能。若，怎么。 ⑨[忠善]忠，作动词用，犹言"忠于为善"，此处有"择善而从之"意。 ⑩[损怨]减少怨恨。 ⑪[遽止]马上制止。遽，马上，立刻。 ⑫[大决]河流大的决口。 ⑬[克]能够。 ⑭[小决使道]小决河水，使之疏导通畅。喻发表议论，使大家有意见能随时说出来。道：同"导"，疏通。

【译文】

郑国的百姓在乡校里游玩，而且议论当权的人。然明对子产说："毁掉乡校怎么样？"子产说："为什么(要毁掉乡校呢)！百姓早晚工作完毕休息时在那里游玩，而且议论当权者的好坏。那些(百姓认为)好的，我就(继续)实行它；那些(百姓)厌恶的，我就(彻底)改正它：这是我的老师啊。怎么能毁掉乡校呢？我听说过择善而从可以减少(百姓的)怨恨，没听说过靠发威风可以防止(百姓的)怨恨。(如果用强硬的手段)未尝不能立刻制止(大家的说话)，但是那种做法就像防水决口一样：大规模的决口所造成的灾害，被伤害的人必定很多，我不能够挽救了，不如让它有个小决口并使它疏通——不如我听到(乡校里百姓的议论)并把它看做一种治病的良药啊。"

【简析】

《左传》又名《左氏春秋》或《春秋左氏传》。它在记事中体现了一些当时的进步思想,其中对民本思想的宣扬最为突出。《子产不毁乡校》很好地体现了这一思想。

《子产不毁乡校》选自《左传·郑子产乡国》一文,郑国在子产执政后,采取比较开明的政策,稳定了国内局势,缓解了政治危机,为新兴力量登上历史舞台创造了契机。《子产不毁乡校》便典型地反映出新兴地主阶级力量的成长势头。郑国大夫然明容不得人们在乡校里议论朝政的得失,便向相国子产提出取缔乡校的建议,但子产不赞成这种压制言论的做法,他重视人民的意志,人民的利益,人民的力量,主张放手让人民讲话,把人民的议论当做药物,择善而从之。这正是本段文字阐明的道理。

《子产不毁乡校》体现了《左传》在写作艺术上的特点:

一是刻画了性格鲜明的历史人物形象。选文仅用106个字就刻画出一个广开言路、明察善断的政治家形象。因此,孔子说:“裨谌草创之,世叔讨论之,行人子羽修饰之,东里子产润色之。”(《论语·宪问》)即使着墨不多,一笔带过,也能给人很深的印象。

二是善于记行人辞令,且语言丰润而优美,含蓄而醒豁,简练而达情。晋范宁说它“艳而富”(《春秋·梁传序》),唐代刘知几称赞它“文约而事丰”(《史通》)。“其所善者,吾则行之;其所恶者,吾则改之”,“我闻忠善以损怨,不闻作威以防怨”,运用对偶表情达意,读来无诘屈聱牙之感。子产将制止人民言论,比做防水决口,通俗易懂。其中“然犹防川”与“防民之口,甚于防川”(《国语·周语》)有异曲同工之妙,既显示了子产作为一个政治家善于辞令的特点,又表现出文章言近旨远、简练含蓄的语言特色。

【思考题】

1. 解释下列各句。

①我闻忠善以损怨,不闻作威以防怨。

②不如吾闻而药之也。

2. 本文阐明的道理是什么?

3. 根据文章总结子产的形象。

4. 文中“然犹防川”与《国语·周语》中____________有异曲同工之妙。

【参考答案】

1. ①我听说过择善而从可以减少(百姓的)怨恨,没听说过靠发威风可以防止(百姓的)怨恨。②不如我听到(乡校里百姓的议论)并把它看作一种治病的良药啊。 2. 对群众的意见不能采取压抑的做法,应择善而从之。3. 子产是一个广开言路,明察善断的政治家形象。 4."防民之口,甚于防川"。

(容 昆)

人有其宝

宋人或得玉，献诸子罕①。子罕弗受。献玉者曰：“以示②玉人③，玉人以为宝也，故敢献之。”子罕曰：“我以不贪为宝，尔④以玉为宝。若⑤以与我，皆丧宝也。不若⑥人有其宝。”

（《左传·襄公十五年》）

【注释】

①[子罕]人名。 ②[示]给……看。 ③[玉人]琢玉的工匠。 ④[尔]你。 ⑤[若]连词，如果。 ⑥[若]动词，如。

【译文】

宋国有人得到了块宝玉，把宝玉献给子罕。子罕不接受。献玉的人说：“（我）把它拿给玉工看过，玉工认为是宝玉，所以才敢献它。”子罕说：“我把不贪财物的品质当做宝，你把玉当做宝。如果（你）把宝玉给了我，咱们就都丧失了宝。不如各人都保有自己的宝。”

【简析】

这个小故事以子罕和献玉者的寥寥数语的对话，展现了子罕的优良美德，给我们以极深的启示。故事虽短，却写得曲折。有人把宝玉献给子罕，子罕却不接受。而献玉人错以为子罕疑玉有假，所以又极力加以解释，说明是真玉。最末子罕字字珠玑的答话，方道出“弗受”之真正原因，使子罕的形象大放异彩，读来令人回味无穷。

【思考题】

1. 学习本文给我们怎样的启示？
2. 子罕弗受玉，献玉者再作“以示玉人，玉人以为宝也”的说明为何意？
3. 文中褒扬何人，赞扬了他什么品质？

4. 翻译下面的句子。

若以与我，皆丧宝也。

【参考答案】

1. 学习古人不为金钱财物所动、洁身自爱、以良好的美德为财富的品格。2. 说明是真玉，希望子罕收下。 3. 子罕。自爱、不贪财的品质。 4.（见译文）。

（孟广利）

子产论政

子皮[1]欲使尹何[2]为邑[3]。子产[4]曰:“少,未知可否。”子皮曰:“愿[5],吾爱之,不吾叛也。使夫[6]往而学焉,夫亦愈知治矣。”子产曰:“不可,人之爱人,求利之也。今吾子爱人则以政,犹未能操刀而使割也。其伤实多。子之爱人,伤之而已。其谁敢求爱于子?子于郑国,栋也。栋折榱[7]崩,侨将厌[8]焉。敢不尽言?子有美锦,不使人学制[9]焉。大官大邑,身之所庇也,而使学者制焉。其[10]为美锦不亦多乎?侨闻学而后入政,未闻以政学者也。若果行此,必有所害。譬如田猎射御,贯[11]则能获禽[12]。若未尝登车射御,则败绩[13]厌履是惧,何暇思获?”子皮曰:“善哉!虎不敏。吾闻君子务知大者远者,小人务知小者近者。我小人也。衣服附在吾身,我知而慎之。大官大邑,所以庇身也,我远而慢[14]之。微[15]子之言,吾不知也。他日[16]我曰:‘子为郑国,我为吾家以庇焉,其可也。’今而后知不足,自今请,谁吾家,听子而行。”

(《左传·襄公三十一年》)

【注释】

①[子皮]春秋末郑国执政者,名罕虎。 ②[尹何]子皮手下年轻的属臣。 ③[邑]基层行政区,如同“县”。 ④[子产]公孙侨,郑国大夫,后来代替子皮执政二十多年。 ⑤[愿]忠厚谨慎。 ⑥[夫]犹“彼”,指尹何,下句“夫”同此。 ⑦[榱(cuī)]椽子。 ⑧[厌(yā)]同“压”。 ⑨[制]“裁剪”,下句的“制”引申为“治理”。 ⑩[其]难道。 ⑪[贯]同“惯”,熟练。 ⑫[禽]泛指鸟兽。 ⑬[败绩]指车辆大坏。 ⑭[远而慢]疏远而轻视。 ⑮[微]非,没有。 ⑯[他日]往日,以前。

【译文】

子皮想派尹何担任邑地长官。子产说:“尹何年轻,不知道行不行?”子皮说:“他忠厚谨慎,我喜欢他,他不会背叛我。让他前去学习学习,他就更懂得为政之道了。”子产说:“不行,人们喜爱一个人,总是想要有利于他啊。现在您喜欢一个人却把政事交给他，这就像一个人还不会拿刀，却让他去宰割东西啊。那会造成许多伤害。（这样的话，）您喜欢别人，只不过是伤害别人罢了，谁还敢希望得到您的喜爱呢？您对于郑国来说，是栋梁啊。栋梁断了，椽子会倒塌，我公孙侨要被压倒，怎敢不把话说尽呢？比如您有一块漂亮的锦缎，是不会让人用它学裁剪的。重要官职和重要邑地是我们自身所托庇的，您却叫初学的人去治理，这难道不比一块漂亮的锦缎贵重得多吗？我听说先经过学习，然后办理政事；没听说把办理政事作为学习的。果真这样做，必定有危害。（这）如同打猎，有熟练的射箭和驾车技艺，才能猎获禽兽。如果不曾登上车子射过箭、驾过车，就会时刻担心翻车被压，哪有工夫考虑猎获禽兽呢？”子皮说：“您说得真好啊！我确实糊涂。我听说君子致力于了解大的、远的事情，小人专门注意小的、近的事情。我是小人啊。衣服穿在我身上，我了解并且爱惜它；重要官职和重要的邑地是用来庇护自身的，我却疏远而轻视它们。没有您的一番话，我还不明白呢。往日我说过：‘您治理郑国，我治理我家族来庇护自身，那还可以。’今后，我明白了自己不配执政（郑国）。从现在起，凡事我请求您，即使我的家族事，也要听从您的意思办理。”

【简析】

郑国执政者子皮喜欢忠厚谨慎的尹何，准备派他担任一邑地的长官，让他学习从政之道。子产认为这样做不妥，尹何年轻，缺乏经验，而应先让他学习。子产运用了层层设喻、循循善诱的说理方法，阐述“学而后入政，未闻以政学者也。若果行此，必有所害”这一观点，诚心劝谏子皮，从而使子皮恍然大悟，接受批评。最终，子皮让子产执政，并表示家务事也由子产全权处理。当然，依据现代人观点，子产的见解有着明显的缺陷。事实上，人们从事于某项工作，不可能先具有一定的经验以后再去做，而往往是先干起来再说，在干中学习。这恐怕才是更普遍的正确方法。本文特点：一是善于通过对话刻画人物，对话具有个性化；二是比喻贴切形象，语言精练生动，论述严密有力。

【思考题】

1. 子产认为尹何为邑而“不可”的主要观点是什么？

2. 本文突出的论证方法是什么？

3. 翻译下面三个句子。

①吾爱之，不吾叛也。

②今吾子爱人则以政，犹未能操刀而使割也。

③栋折榱崩，侨将厌焉。

4. 子产、子皮各有什么性格特点?

【参考答案】

1."学而后入政,未闻以政学者也。若果行此,必有所害。" 2. 比喻论证法。 3.(见译文)。 4. 子产:有政治远见,对政事有独到的见解。 子皮:善于接受他人的意见。

(吕朝军)

快马加鞭

子墨子怒耕柱子[①]。曰："我无愈[②]于人乎?"子墨子曰："我将上太行,驾骥与牛,子将谁驱[③]?"耕柱子曰："将驱骥也。"子墨子曰："何故驱骥也?"耕柱子曰："骥足以责[④]。"子墨子曰："我亦以子为足以责!"

（《墨子·耕柱》）

【注释】

①["子墨子"一句]墨子先生。前一"子"是尊称,如同说"老师"。耕柱子,墨子的学生。怒,责备。　②[愈]好,胜过。　③[子将谁驱]就是"子将驱谁",宾语前置。驱,赶,鞭打。④[足以责]值得鞭责。因为好马感觉灵敏,鞭打可以使之跑得更快。

【译文】

墨子先生责备耕柱子。耕柱子说:"我没有比别人强的地方吗?"墨子说:"我将要上太行山,乘坐快马或牛,你打算鞭策哪一个呢?"耕柱子说:"我要鞭策快马。"墨子说:"为什么要鞭策快马呢?"耕柱子说:"快马值得鞭策。"墨子说:"我也认为你是值得鞭策的!"

【简析】

《快马加鞭》一文记录了墨子与其弟子耕柱的对话,以"快马加鞭"为喻,使抽象的道理形象化,语言通俗,逻辑严密,具有很强的说服力。面对耕柱的不满,墨子没有作正面的解释,而是用一个日常生活中司空见惯的事例作喻。告诉耕柱:鞭打可使好马跑得更快。对于有才能的人,批评、挫折可使他最大限度地发挥潜能,墨子用平实通俗的语言揭示了深刻哲理。正所谓"玉不琢,不成器",再好的玉也只有经过雕琢才能再现它的光彩,试想:谁会抓住一块朽木不放手呢?

【思考题】

1. 翻译句子。

我亦以子为足以责！

2. 结合文章解释“快马加鞭”一词。

3. 你对墨子的这种教育方法有何感想？

【参考答案】

1. 我也认为你是值得鞭策的！ 2. 快马加鞭：骑的马本来就很快，再加上几鞭子；形容飞快地驶过，也比喻快上加快。 3.（略）。

（李航珍）

揠苗助长

宋①人有闵②其苗之不长而揠③之者，芒芒然④归，谓其人⑤曰："今日病⑥矣！予助苗长矣！"其子趋⑦而往视之，苗则槁⑧矣。

（《孟子·公孙丑上》）

【注释】

①［宋］周代诸侯国，据有现在河南省商丘以东、江苏省徐州以西一带地方。国都原在商丘（今河南省商丘县），后迁彭城（今江苏省徐州）。 ②［闵（mǐn）］忧虑。 ③［揠（yà）］拔。 ④［芒芒然］疲倦的样子。 ⑤［其人］指他家里人。 ⑥［病］这里是"累坏"的意思。 ⑦［趋］小步紧走。 ⑧［槁（gǎo）］枯萎。

【译文】

宋国有个人，担忧他的庄稼苗长得太慢，便把它们拔高，然后非常疲乏地回到家里，对家里人说："今天可把我给累坏了！我帮助庄稼苗长高了！"他儿子赶快跑到地里去看，苗儿都已枯死了。

【简析】

孟子善于用具体又形象鲜明的比喻来阐明事理。《揠苗助长》这则寓言，借宋人拔苗助长的愚蠢行为为喻，雄辩地阐明了一条真理：人们对于一切事物都必须按照客观规律去发挥自己的主观能动性，才能把事情做好。反之，单凭自己的主观愿望去做，即使有善良的愿望，美好的动机，结果也只能是适得其反。

本文语言洗炼，人物形象生动，道理深刻，富于说服力和感染力。

【思考题】

1. 解释下列加点的字。

①今日病矣。

②向吾不为斯役，则久已病矣。

③医之好治不病以为功。

2. 本文告诉我们的一个道理是__________________。

3. 出自本文的一个成语是____________。请用这个成语造一个句子。

【参考答案】

1. ①累；②困苦不堪；③疾病。 2. 要按照客观规律办事，不要急于求成。 3. 揠苗助长（造句略）。

（张敏 容昆）

舍生取义

鱼，我所欲也；熊掌，亦我所欲也。二者不可得兼，舍鱼而取熊掌者也。生，亦我所欲也；义，亦我所欲也。二者不可得兼，舍生而取义者也。生亦我所欲，所欲有甚于生者，故不为苟得①也。死亦我所恶②，所恶有甚于死者，故患有所不辟③也。如使人之所欲莫④甚于生，则凡可以得生者，何不用也？使人之所恶莫甚于死者，则凡可以辟患者，何不为也？由是则生而有不用也；由是则可以辟患而有不为也。是故所欲有甚于生者，所恶有甚于死者。

（《孟子·告子上》）

【注释】

①［苟得］不合原则地取得。 ②［恶（wù）］厌恶 ③［辟（bì）］通“避”，躲避。 ④［莫］无定代词，没有什么，没有哪个。

【译文】

鱼，是我所想要的；熊掌，也是我所想要的。如果两者不能同时得到，便舍弃鱼而要熊掌。生命，是我所喜欢的；正义，也是我所喜欢的。如果两者不能同时得到，便牺牲生命而要正义。生命是我所喜欢的，但是还有比生命更让我所喜欢的，所以我不干苟且偷生的事。死亡是我所厌恶的，但是还有比死亡更让我所厌恶的，所以有的祸害我不躲避。如果人们所喜欢的没有超过生命的，那么，一切可以求得生存的方法哪有不使用的呢？如果人们所厌恶的没有超过死亡的，那么，一切可以避免祸害的事情，哪有不干的呢？然而有些人这样去做就可以得到生存，却不去做；这样去做便可以避免祸害，却不去做。由此可知有比生命更让人喜欢的东西，也有比死亡更让人厌恶的东西。

【简析】

孟子主张人性本善，他认为人人生而具有恻隐之心，羞恶之心，辞让之心，是非之心。只要不使这些“善性”丧失，就人人能在道德方面具备“仁义礼智”。

本章就是从这种理论出发，阐明了义重于生，义重于利的观点，告诫人们要明辨是非，要有舍生取义的精神，要保存善良的本性。本章围绕“舍生取义”这一中心，先以“鱼”和“熊掌”做比喻，然后层层推理，步步论证，具有雄辩力量。通过反复论证，把义推到了至高无上的地位，指出了舍生取义的重要性。文章语句流畅，对比鲜明突出，标志着先秦诸子散文进入了一个新阶段。

【思考题】

1. 这段文字的中心论点是什么？用课文中的语句回答。

2. 这个论点是用比喻的方法引出的，比喻的本体是什么，喻体是什么？

3. 本文中的六个“于”字含义是否相同？指出其含义。

4. “是”在本文中作用相同，但指代的内容不同，第一个指代的是什么，第二个指代的是什么？

【参考答案】

1. 生，亦我所欲也；义，亦我所欲也。二者不可得兼，舍生而取义者也。 2. 比喻的本体是鱼和熊掌，喻体是生和义。 3. 含义相同，意思都是“比”。 4. 第一个“是”指代的是凡可以得生者而不用，第二个指代的是凡可以避患而不为。

（张　敏）

王顾左右而言他

孟子谓齐宣王曰:“王之臣有托其妻子于其友而之楚游者,比①其反②也,则冻馁其妻子,则如之何?”

王曰:“弃之。”

曰:“士师③不能治士,则如之何?”

王曰:“已之④。”

曰:“四境之内不治,则如之何?”

王顾左右⑤而言他⑥。

(《孟子·梁惠王下》)

【注释】

①[比]等到。 ②[反]同“返”。 ③[士师]古代的司法官。 ④[已之]使他停职,也就是把他撤职。已,停止。使动用法。 ⑤[左右]左右亲信。 ⑥[他]别的,另外的。

【译文】

孟子对齐宣王说道:“您有一个臣子把妻室儿女托付给朋友照顾,自己到楚国去游玩。等他回来的时候,他的妻室儿女却在挨饿受冻,(对这样的朋友,)应该怎样办呢?”

齐宣王说:“和他绝交。”

孟子说:“假若管刑罚的长官不能管理他的下级,那应该怎样办呢?”

齐宣王说:“撤掉他!”

孟子说:“假若一个国家里政治搞得很不好,那又该怎样办呢?”

齐宣王回过头去,对左右亲信谈另外的事情了。

【简析】

这篇文章是孟子与齐宣王之间的一场精彩的论辩辞。孟子深知,如果单刀直入,既惹恼了齐王,自己的仁政理想又无法实现,因此他采取了由远及近、渐入主题的迂回方式，首先信手拈来生活中的一件小事作为话头，又进一步设喻来追问齐王，使齐王渐渐钻进孟子为他准备好的理论圈套之中。这样，由小及大，由私及公，由此及彼，圈套逐步缩小，最后进入主题，孟子最后一个问题直指齐宣王，按照刚才的逻辑，他自然应该回答："罢免这个国家的君主"，但这明明是自己责难自己。然而，话已出口，这就使齐宣王陷入了无言以对的尴尬境地，这时的他无计可施，只好"顾左右而言他"。可以想见齐宣王理屈词穷、欲辩不能、欲怒不得而又故作镇定的窘态，这也足见孟子论辩技巧的高超。

【思考题】

1. 孟子的最终目的是要问最后一个问题，他为什么不直接问，而是先问以上的两个问题？

2. 齐王为什么会"顾左右而言他"？

3. 翻译下面两句话。

①比其反也，则冻馁其妻子。

②四境之内不治，则如之何？

【参考答案】

1. 因为直接问齐王第三个问题会触怒齐王，那么孟子的目的就达不到了。孟子先用前两个问题诱导齐王自己得出第三个问题的答案，这样既不会触怒齐王，而且齐王也会考虑他的建议，接受他的观点。　2. 因为按照回答前两个问题的逻辑，齐王的答案必然是撇掉自己。为了避免这种情况，齐王只好装作没听见来回避这个问题。　3.（见译文）。

（陈文红）

五十步笑百步

梁惠王[1]曰:“……察邻国之政,无如寡人[2]之用心者。邻国之民不加[3]少,寡人之民不加多,何也?”

孟子对曰:“王好战,请[4]以战喻。填然[5]鼓之,兵刃既接,弃甲曳兵[6]而走[7]。或[8]百步[9]而后止,或五十步而后止。以五十步笑百步,则何如?”

曰:“不可。直[10]不百步耳,是亦走[11]也。”

曰:“王如知此,则无望民之多于邻国也。”

(《孟子·梁惠王上》)

【注释】

①[梁惠王]战国中期魏国的国君。魏国国都原在安邑(今山西省夏县),惠王迁都大梁(今河南省开封市),故又称梁。 ②[寡人]古代君主自称。 ③[加]更。 ④[请]谦敬副词,意思跟现代的“请允许我……”差不多。 ⑤[填然]形容鼓声。 ⑥[曳(yè)兵]曳,拖着。兵,武器。曳兵,倒拖着武器。 ⑦[走]跑。 ⑧[或]有的,有的人。 ⑨[步]古代一“步”相当现代的两“步”。 ⑩[直]只,只不过,只是。 ⑪[是亦走]这同样也是逃跑。

【译文】

梁惠王说:“……看看邻国的政治,没有像我这样关心百姓的。可是邻国的百姓不减少,我的百姓不增多,这是为什么呢?”

孟子回答说:“大王喜欢打仗,请允许我用打仗来做比喻。咚咚地敲起战鼓,双方已经交锋,上阵的人丢掉铠甲拖着兵器就逃跑。有的逃了一百步停下来,有的逃了五十步停下来。如果逃了五十步的嘲笑逃了一百步的,那怎么样呢?”

梁惠王说:“不可以。他们只不过没有跑到一百步罢了,这同样也是逃跑啊!”

孟子说:“大王如果知道这个道理,那就不要希望百姓比邻国多了。”

【简析】

梁惠王自以为把国家治理得比邻国好,百姓却不增多,因而发问。孟子据其所好,运用战场上的逃兵以“五十步笑百步”做比喻进行回答。后以“五十步笑百步”比喻自己跟别人犯有同样的缺点或错误,只是程度上轻一些,却讥笑别人。

【思考题】

1. 学习本文后,你认为梁惠王犯了一个怎样的错误?

2. 你从本文中得到什么启示?

3.“五十步笑百步”从感情色彩上看属________词,它比喻____________。

4. 翻译下面句子。

①直不百步耳,是亦走也。

②王好战,请以战喻。

【参考答案】

1. 不能全面估价自己,认识问题不全面,没有自知之明。 2. 告诉我们对事情要认真考虑,不要犯同样的错误,自己却认识不到,反去讥笑别人,要有自知之明。 3. 贬义词,它比喻所犯错误程度不同,但本质相同。 4.(见译文)。

(孟广利)

庄周家贫

庄周家贫，故往贷粟[1]于监河侯[2]。监河侯曰："诺[3]，我将得邑金[4]，将贷子三百金，可乎？"庄周忿然作色[5]曰："周昨来，有中道而呼者。周顾视，车辙中有鲋鱼焉。周问之曰：'鲋鱼[6]，来[7]！子何为者邪[8]？'对曰：'我，东海之波臣[9]也，君岂有斗升之水[10]而活我[11]哉？'周曰：'诺，我且南游[12]吴越之王，激[13]西江[14]之水而迎子，可乎？'鲋鱼忿然作色曰：'吾失我常与[15]，我无所处[16]，吾得斗升之水然[17]活耳。君乃[18]言此，曾不如早索我于枯鱼之肆[19]！'"

（《庄子·外物》）

【注释】

①[贷粟]借粮。 ②[监河侯]监河的官。 ③[诺]好。 ④[邑金]封地交纳的税金。金，古时货币单位，相当于20两。 ⑤[作色]脸上现出怒色。 ⑥[鲋鱼]鲫鱼。 ⑦[来]语气词，呼唤鲫鱼使之注意。 ⑧[邪]同"耶"。 ⑨[波臣]为东海龙王管波涛的臣子。 ⑩[斗升之水]极言其水量之少。 ⑪[活我]把我救活。 ⑫[且南游]将要到南方游说。 ⑬[激]引。 ⑭[西江]即长江。 ⑮[常与]经常作伴的（指水）。 ⑯[无所处]没有地方安身。 ⑰[然]就。 ⑱[乃]竟。 ⑲[枯鱼之肆]卖干鱼的铺子。

【译文】

庄周家里很穷，因此到监河侯那里去借粮食。监河侯说："好，我就要去收封地的租税了，等我将税金收齐后，就借给你三百金，可以吗？"

庄周气得脸色都变了，说道："我昨天来的时候，半路上听见有喊'救命'的声音。我回头一看，车辙里有一条鲫鱼。我问它：'喂！鲫鱼，你要做什么呀？'它回答说：'我，是为东海龙王劈波斩浪的臣子啊。你可有一斗半升的水来救救我这条命吗？'我说：'行。我马上到南方去，游说吴国和越国的君王，让他们引长江的水来迎接你，把你送归大海，好吗？'鲫鱼听了，气得变了脸色，说：'我失去了平常生活于其中的大海，现在无处容身。我只要有一升半斗的水就可以维持生命。可你竟然说出这样一番空话，你还不如早点儿到干鱼铺子里去找我呢！'"

【简析】

这则寓言对统治阶级的虚伪进行了揭露和抨击。庄周向监河侯借粮,监河侯满口答应,却只是一番空话。“三百金”当然是笔不小的数字,却解决不了庄周断粮的燃眉之急。因此庄周很气愤,随即讲了个“涸辙之鲋”的故事。鲋鱼困在干涸的车辙里,危在旦夕,它多么需要斗升之水来延续自己的生命!要求不高,却极为迫切。庄周的回答也是满口应承,却显然是空话。庄周和鲋鱼的对话,生动地说明做事应当针对现实情况,对于连最低生活要求都无法得到满足的人来说,遥遥无期的慷慨许诺是没有任何用处的。文章最后,庄周借鲋鱼之口,说出“君乃言此,曾不如早索我于枯鱼之肆”,抒发自己心中的愤懑之情,斥责监河侯见难不助、用空头许诺欺骗人的虚伪行径。

这则寓言篇幅短小,却生动有趣,寓意深远。文章由两个类似的故事组成。后面“涸辙之鲋”的故事是从前面的“庄周贷粟”演化而来的。庄周与鲋鱼的对话,运用了监河侯与庄周对话时相似的句式和语气,但读起来并没有重复之感,反让人感觉更为恰当贴切,突出了监河侯满口空话的虚伪特点。监河侯对庄周的“慷慨”许诺会有怎样的结果呢?文章没有写出来。但与“涸辙之鲋”对照,我们是不难想象出来的。前后两个小故事互为补充,相映成趣,巧妙地揭示出文章的寓意。

【思考题】

1. 监河侯这个人物形象具有什么特点?

2. 这则寓言说明了什么道理?有句俗语与这个故事意思一致,你知道是哪句俗语吗?

3. 庄子是怎样表达出对监河侯的不满的?

4. 翻译下列句子。

①君岂有斗升之水而活我哉?

②君乃言此,曾不如早索我于枯鱼之肆!

【参考答案】

1. 监河侯见难不助,却用空话欺骗别人,十分虚伪。 2. 不切实际的空话无用而可笑,解决不了实际问题,帮助别人要有实际行动。俗语是“远水解不了近渴”。 3. 用“涸辙之鲋”的故事来讽喻监河侯的虚伪行径,表达出心中的气愤。 4. ①你可有一斗半升的水来使我活命吗? ②你竟然说出这样一番空话,你还不如早早地到卖干鱼的店里去找我呢!

(吕 洁)

百川灌河

秋水时至，百川灌河。泾[1]流之大，两涘[2]渚崖之间不辨牛马。于是焉[3]河伯[4]欣然自喜，以天下之美为尽在己。顺流而东行，至于北海，东面而视，不见水端。于是焉河伯始旋其面目，望洋向若[5]而叹曰："野语有之，曰'闻道百，以为莫己若'者，我之谓也。且夫我尝闻少仲尼之闻而轻伯夷[6]之义者；始吾弗信，今我睹子之难穷也，吾非至于子之门，则殆矣。吾长见笑于大方之家[7]。"

（《庄子·秋水》）

【注释】

①[泾]贯通的水流。 ②[涘(sì)]水边。 ③[于是焉]相当于"在这种情况下，那……"。 ④[河伯]我国古代神话中的黄河水神。 ⑤[若]我国古代神话中北海(约当今渤海)海神之名。 ⑥[伯夷]人名，孤竹君之子，不与弟叔齐争位。 ⑦[大方之家]懂得大道理的名人。

【译文】

秋汛随着时令而到来，许多小河里的水都灌注到黄河里。黄河的水面宽阔了，(两岸的距离远了，)隔着水都分辨不出对岸的牛和马来。于是黄河之神河伯高兴起来，觉得天下的美好事物完全被自己占有了。他顺着河水向东走去，到了北海，朝东面一看，看不到水边。在这时河伯才把头掉转过来，仰着脸向着海之神叹息说："俗话曾经说：'听到了一些道理，就觉得没有人能比得上自己'这就是指我说的呀！并且我曾经听说，有人看不起孔子的学问和伯夷的高义，起初我不相信；现在我看见你这般宽广无边，如果不到你这里来，那就危险了。我将永远被明白大道理的人所嗤笑。"

【简析】

庄子，名周，战国时宋国蒙(今河南省商丘)人。是战国时期道家学派的代表人物。虚构的故事、想象的情景、幻想的言辞构成了庄子散文浪漫主义的特色。《百川灌河》是一则寓言故事，叙述了河伯在没见到大海之前，觉得自己很伟大，"以天下之美为尽在己"，等到看见了浩瀚的大海，才感到自己的渺小。他终于明白骄傲自满的危害。

本文语言传神，从开头至"不见水端"，仅数句将沟满河平、百川奔流、浩荡无垠的空阔景象，写得气势磅礴、十分壮观。

【思考题】

1. 在本文找一个宾语前置句和一个被动句。
2. 从文中概括出一个成语来。
3. 河伯的思想是怎样转变的？
4. 本文说明了什么道理？

【参考答案】

1. 宾语前置句："我之谓也"或"以为莫己若者"。被动句："以天下之美为尽在己"或"吾长见笑于大方之家"。 2. 贻笑大方。 3. 看到大海浩瀚无边，感到自己认识的浅薄，产生惭愧的心理。 4. 提示：人要善于走出去，开阔视野，才会认识到自己的不足。

（范殿才）

痀偻承蜩

仲尼适楚，出于林中，见痀偻①者承蜩②，犹掇③之也。

仲尼曰："子巧乎！有道邪？"

曰："我有道也。五六月④，累丸二而不坠，则失者锱铢⑤；累三而不坠，则失者十一；累五而不坠，犹掇之也。吾处身也，若橛⑥株拘⑦；吾执臂也，若槁木之枝。虽天地之大，万物之多，而唯蜩翼之知。吾不反不侧，不以万物易蜩之翼，何为而不得？"

孔子顾谓弟子曰："'用志不分，乃凝于神'，其痀偻丈人之谓乎？"

（《庄子·达生》）

【注释】

①[痀偻(jū lóu)]驼背。 ②[承蜩(tiáo)]捕蝉。 ③[掇(duō)]拾取。 ④[五六月]五六个月。 ⑤[锱铢(zī zhū)]重量单位。一锱为四分之一两，一铢为二十四分之一两。"锱铢"用来借指"很少"。 ⑥[橛(jué)]橛子，木桩。此处用作动词，像木桩那样竖着。 ⑦[株拘]带着枯枝的树墩。

【译文】

孔子到楚国去，经过一片树林，看见一个驼背老人用长竿粘蝉，就像是伸手拾东西一样容易。

孔子说："你真巧啊！有什么诀窍吗？"

老人说："我有诀窍。练习五六个月，如果能在竿头累上两枚圆丸而不掉下，蝉就很少能跑掉；能累上三枚而不掉下来，那么十只也不过跑掉一只；能累上五枚而不掉下来，那就像是伸手拾东西一样，万无一失了。我站立在那里，身体就像一个树立着的树墩子；我举起双臂，手臂就像枯树的干枝。虽然天地这么大，万物这么多，但我心目中只有蝉翼而已。我不转身，也不侧身，不因万物干扰而转移我对蝉翼的注意力，这样怎么能粘不到呢？"

孔子回头对弟子说:"'用志不分,乃凝于神',这句话不就是指这位驼背老人说的吗?"

【简析】

庄子的故事幽默,妙趣横生。如"庖丁解牛""匠石运斤""井中之蛙"等,虽篇幅短小,但构思奇特,含义深刻。痀偻承蜩的故事,庄子本意是说明"无知无欲"方能达到"虚静"而进入"大明"。实际上故事还存在着客观意义。这个驼背老头要克服生理上的缺陷,从竿子上放二丸不掉到五丸不掉,使身体、手臂纹丝不动。只有付出辛苦的劳动,进行持久不懈的刻苦锻炼,才能达到"承蜩犹掇"的境界。

【思考题】

1. 用自己的语言概括痀偻者为什么能做到"承蜩犹掇之也"?

2. 从痀偻者身上,你受到什么启发?

【参考答案】

1. ①坚持不懈地刻苦训练;②凝神贯注,不为外界干扰。 2. 提示:无论干什么事,要集中精力,不为外界干扰,才能掌握客观规律,达到炉火纯青的地步。

(孙　玲)

丑人效颦

西施①病心而颦②其里③，其里之丑人见而美之，归亦捧心而颦其里。其里之富人见之，坚闭门而不出；贫人见之，挈④妻子⑤而去⑥之走。

彼知美颦，而不知颦之所以美。

（《庄子·天运》）

【注释】

①［西施］古代美女的名字。 ②［颦（pín）］皱眉。 ③［里］古时居民聚居的地方，相传二十五家为一里。 ④［挈（qiè）］携带，领着。 ⑤［妻子］古时指妻子和孩子。 ⑥［去］离开。

【译文】

西施因为心口痛而常在乡里紧锁眉头，附近的一个丑女见了觉得很美，回去以后也学着西施的样子捧着心口、皱着眉头站在村边。乡里的富人见了，关紧了大门不出来；穷人见了，拉着自己的妻子、孩子躲着她远远的。

这个丑女以为皱眉头的样子美，却不知道为什么西施皱眉美。

【简析】

学习往往是由模仿开始的，适度的模仿可以增长人的才干。如小孩模仿大人拿筷子，学生跟老师学执笔。那么，如何正确运用模仿呢？是像“其里之丑人见而美之”，还是“择其善者而从之，其不善者而改之”？

【思考题】

1. 富人、穷人对丑人“避而不见”的原因是什么？

2. 丑人犯了一个什么错误？

3. 阅读此文，你明白了一个什么道理？

【参考答案】

1. 丑人皱眉更加丑。 2. 盲目地模仿。 3. 对事物不但要知其然，还要知其所以然，不能简单地模仿。

（孙建勇）

不龟手之药

宋人有善为不龟①手之药者，世世以洴澼②絖③为事。客闻之，请买其方百金。聚族而谋曰："我世世为洴澼絖，不过数金；今一朝而鬻④技百金，请与之。"

客得之，以说吴王。越有难⑤，吴王使之将。冬，与越人水战，大败越人，裂地而封之。

能不龟手，一也；或以封，或不免于洴澼絖，则所用之异也。

（《庄子·逍遥游》）

【注释】

①[龟(jūn)]通"皲"，因冻伤而破裂。 ②[洴澼(píng pì)]漂洗。 ③[絖(kuàng)]同"纩"，丝棉絮。 ④[鬻(yù)]出卖。 ⑤[有难(nàn)]有了问题，指发生战争。

【译文】

宋国有一家会配制冻疮药的，世世代代都以漂洗棉絮为职业。有人听说了，愿用百两黄金来购买这一秘方。于是洗棉絮的全家聚集在一起商量说："咱家世世代代都是漂洗棉絮的，一年也赚不了几个钱；现在卖出秘方，一下子就能得到百两黄金，还是卖给他吧。"

那人买到了这一秘方，就拿它去游说吴王。正巧越国向吴国发动战争，吴王便派他带兵抵挡。冬天，和越国军队水战，（吴国军队事先用这种冻疮药预防了冻伤，）把越国军队打得大败，吴王便划出一块土地封给他。

能够预防手冻，这是相同的；但有人能用它受地封侯，有人只能世世代代漂洗棉絮，这是由于他们用的地方不同。

【简析】

无论做什么事情，要善于掌握事物的特性，充分发挥它的作用，这是众人皆知的道理。但《不龟手之药》中的宋人，有配制冻疮药这一技之长，却不懂充分发挥其作用的方法，一家人只有"洴澼絖"。而客人却用此药换来了财产和权力。正是“所用之异也”。

本文运用故事说理，生动形象，给人以深刻的启示。俗话说“当事者迷”，我们在笑宋人一家不聪明的同时，是否也应该想想自己呢？

【思考题】

1. 给下列句中加点的字注音并释义。

以说吴王　音______义________

或以封　　音______义________

2. 末段的议论句在文中的作用是____________________。

3. 同是一种不龟手之药，有人能靠它升官封地，有的人则只能靠它漂洗棉絮过活，你从中能得到什么启示？

【参考答案】

1. 说：shuì；劝说。或：huò；有的人。　2. 点明文章的主旨。　3. 无论做什么事，要善于掌握事物的特性，充分发挥它的作用。

（容　昆）

宣王好射

宣王[1]好射，说[2]人之谓[3]己能用强[4]也。其实所用不过三石[5]。以示左右，左右皆引[6]试之，中关[7]而止。皆曰："不下九石，非大王孰[8]能用是[9]？"宣王悦之。然则[10]宣王用不过三石，而终身自以为九石。三石实也，九石名也。宣王悦其名而丧其实。

（尹文《尹文子》）

【注释】

①［宣王］齐宣王，战国中晚期齐国国君。 ②［说］通"悦"，喜欢，高兴。 ③［谓］说。 ④［强］弓有力。 ⑤［石（dàn）］古代重量单位，也借用来标示弓力大小。一石是120斤（古代的斤量比现代轻）。 ⑥［引］拉弓。 ⑦［中关］关，通"弯"，中关，拉到满弓的一半。 ⑧［孰］疑问代词，意为"谁"。 ⑨［是］这（强弓）。 ⑩［然则］（既然）这样，那么……

【译文】

齐宣王爱好射箭，喜欢人们说自己能用强弓。实际上他拉弓所使用的力量不超过举三石的力量。他拿（他所使用的）弓给近臣们看，近臣们也都拉弓尝试一番，但都拉到丰满就停下来了。都说："（要拉开这张弓）得有不低于举九石重量的力气，除了大王谁能用这么硬的弓？"宣王听后很高兴。既然如此，那么宣王用的弓其实不过三石，可是他一直到死都自以为是九石。三石是实际情况，九石是虚名。宣王就喜欢这虚名，却丢掉了那实际的东西。

【简析】

《宣王好射》这则小故事大致可以分为两部分。从开头至"宣王悦之"，为叙事部分。从宣王"说人之谓己能用强也"与"其实所用不过三石"的介绍中，足以显示齐宣王是一个贪图虚名的人。而"左右"的阿谀逢迎使"宣王悦"，更加证明了这一点。从"然则宣王用不过三石"至结尾为说理部分，"宣王悦其名而丧其实"更是一语中的。

【思考题】

1. 从文中可以看出宣王具有怎样的性格特点?

2. 文中“左右”“中关而止”的原因是什么,由此可以看出“左右”具有怎样的性格特点?

3. 翻译句子。

①说人之谓己能用强也。

②宣王悦其名而丧其实。

4. 本文阐明了怎样的道理?

【参考答案】

1. 齐宣王是一个贪图虚名的人。 2. 近臣“中关而止”是因为要表现齐宣王所用之弓为“九石”硬弓,自己的力量不及齐宣王。这里反映出“左右”均为善于逢迎巴结的谄媚之人。 3. ①(齐宣王)喜欢人们说自己能用强弓。 ②宣王就喜欢这虚名,却丢掉了那实际的东西。 4. 人们无论做任何事情,都要实事求是,不要贪慕虚名。

(曹燕玲)

自相矛盾

楚人有鬻①盾⑦与矛③者，誉④之⑤曰："吾盾之⑥坚，莫能陷⑦也。"又誉其矛曰："吾矛之利，于物无不陷也。"或⑧曰："以子之⑨矛，陷子之盾，何如？"其人弗能应⑩也。夫⑪不可陷之盾与无不陷之矛，不可同世而立⑫。

（韩非《韩非子·难一》）

【注释】

①[鬻(yù)]卖。 ②[盾]挡箭牌。古代作战时防身的武器。 ③[矛]古代兵器，用于刺杀。 ④[誉]称赞。 ⑤[之]代词，指代"盾"。 ⑥[之]结构助词，用在主谓之间取消句子独立性，不译。 ⑦[陷]这里是"穿透"的意思。 ⑧[或]有的人。 ⑨[之]结构助词"的"。 ⑩[应(yìng)]回答。 ⑪[夫(fú)]语气词，放在句子的开头，表示下面要发议论。⑫[同世而立]在同一时间存在。世，时；立，存在。

【译文】

楚国有个卖矛和盾的人，夸他的盾说："我的盾很坚固，任何武器也刺不破它。"又夸他的矛说："我的矛很锐利，没有什么东西穿不透。"有人问他："拿你的矛去刺你的盾，结果会怎样？"那人便答不上话来了。本来嘛，坚不可破的盾和无坚不穿的矛是不能同时存在的。

【简析】

《自相矛盾》这个寓言故事中楚国卖矛和盾的商人，先是夸耀他的盾非常坚固，攻不可破，接着又吹嘘他的矛无比锐利，无坚不摧。很明显，他的话前后矛盾，又有谁能相信他呢！于是在场的人让他用自己的矛枪来刺自己的盾牌，看看结果如何时，楚人"弗能应也"。这个楚人不能自圆其说，无言以对，正说明了"夫不可陷之盾与无不可陷之矛，不可同世而立"。在这个故事中，作者运用夸张的手法，通过语言描写刻画人物，使我们如临其境，如见其人，如闻其声，使一个说话前后不一致、夸大其辞、自吹自擂的人物形象跃然纸上。"自相矛盾"这个成语就是由这个故事得来的。人们用“自相矛盾”来比喻说话、办事或写文章前后自相抵触,互不相容。我们可以从中得到启示:一个人不论是说话、做事都要符合道理,从实际出发,前后一致,否则就会像楚人那样说话前后矛盾,落得尴尬被人嘲讽的下场。

在写法上,作者用寓言的形式做讽喻,形象生动,比喻精当,词语犀利而又不乏幽默,文章言简意赅,寓意深刻。

【思考题】

1. 源于这个故事的成语是__________,人们常用它来比喻______________。

2.《自相矛盾》这个寓言说明了一个什么道理?

【参考答案】

1. 自相矛盾。人们说话、做事前后互相抵触。 2.《自相矛盾》这个寓言说明了一个人说话办事要前后一致、不要互相抵触的道理。

(赵广华)

智子疑邻

宋有富人，天雨墙坏。其子曰："不筑①，必将有盗。"其邻人之父亦云。暮而果大亡②其财。其家甚智其子③，而疑邻人之父。

（韩非《韩非子·说难》）

【注释】

①［筑］即"版筑"，用两板子夹土筑墙。现代北方人叫"版打墙"。　②［亡］丢失。　③［智其子］认为自己家的孩子聪明。智，意动用法。

【译文】

宋国有个富翁，一场大雨把他家的墙淋倒了。他的儿子说："要不修好，必定会招贼。"邻居有一位老人也这样劝告他。晚上果然丢失了很多财物。富翁一家都认为自己的孩子很聪明，却怀疑那位邻居家的老人。

【简析】

对于同一件事情，两个人提出了同样的建议，但仅因亲疏不同，便"甚智其子，而疑邻人之父"，看来还是偏私之心在作怪。对于别人的真诚友善的言行，还应当以真诚和友善待之；对待他人，还应当以公平之心处之。在独生子女众多的当今社会，本故事具有极强的现实意义。

【思考题】

1. 邻人之父劝告富人筑墙出于一种什么心态？
2. 宋国富人一家为什么会"甚智其子，而疑邻人之父"？
3. 阅读此故事，你受到什么启发？
4. 用现代汉语解释下面两句话。

①其邻人之父亦云。

②暮而果大亡其财。

【参考答案】

1. 友善。 2. 偏爱自己的孩子并且好猜疑别人。 3. 要正确对待别人的建议或要有一颗坦荡的心。 4. ①邻居有一位老人也这样劝告他。 ②晚上果然丢失了很多财物。

（刘宗凤　陈　靖）

守株待兔

宋人有耕者。田中有株①,兔走②触株,折颈而死。因释其耒③而守株,冀④复得兔。兔不可复得,而身为宋国笑。

(韩非《韩非子·五蠹》)

【注释】

①[株]砍掉树干剩下的树根,即"树墩子"。 ②[走]古代指跑。 ③[耒(lěi)]耒耜(sì),古代耕地用的农具。耜用来翻土,耒是耜的把。 ④[冀(jì)]希望。

【译文】

宋国有个人在耕地。他的田里有个树墩子,一只兔子跑过来撞在树墩子上,折断脖子死了。他于是干脆放下农具守候在树墩子旁边,希望再捡到一只(撞树而死的)兔子。他不可能再得到兔子,自己反倒成了宋国人的笑柄。

【简析】

大千世界,无奇不有。如何对待人生中的偶然,不同的人会有不同的态度。有的人,合理运用手中的偶然,一步步走向成功;有的人,手抓"偶然"不放,沉迷于幻想之中,其后果将与守株者等同。古语说:"一份耕耘,一份收获。"成功总和勇于付出的人相伴。

【思考题】

1. 将下面两句话译成汉语。

①兔走触株

②冀复得兔

2. 说说此故事对你有什么启发。

3. 请用"守株待兔"造一句子。

【参考答案】

1. ①一只兔子跑过来撞在树墩子上。 ②希望再捡到一只兔子。 2. 不劳而获；要学会变通，不要死守狭隘的经验；不能把偶然的现象看成必然。 3.（略）。

（商和永）

曾子杀彘

曾子[1]之妻之[2]市，其子随之而泣。其母曰："女[3]还，顾[4]反为女杀彘[5]。"妻适市来，曾子欲捕彘杀之。妻止之曰："特[6]与婴儿戏耳。"曾子曰："婴儿非与戏也。婴儿非有智也，待父母而学者也，听父母之教。今子欺之，是教子欺也。母欺子，子而不信其母，非所以教也。"遂烹彘也。

（韩非《韩非子·外储说左上》）

【注释】

①[曾子]曾参，孔子的弟子。"子"是对他的敬称。 ②[之]动词，去、往。 ③[女]同"汝"，第二人称代词，你。 ④[顾]回来，待会儿回来。 ⑤[彘（zhì）]猪。 ⑥[特]只，只是，只不过。

【译文】

曾子的妻子到集市上去，她的儿子哭闹着要跟去。他（指孩子）的母亲说："你回家呆着，我等会儿回来杀猪给你吃。"曾子的妻子从集市上回来，曾子就要捉猪去杀。他的妻子劝止他说："我只不过是跟孩子开玩笑罢了。"曾子说："孩子，可不能跟他开玩笑啊！小孩子头脑不甚清楚，全是靠向父母亲学，听父母亲给以正确的教导。现在你欺骗他，这是教孩子骗人啊！做母亲的欺骗儿子，儿子就不会再相信他的母亲了，这样，教育的事是搞不好的。"于是就杀猪煮肉给孩子吃。

【简析】

在经济不发达的古代，一般人家只在过年过节祭祀时才舍得杀猪吃肉，曾子为了教育孩子诚实守信，虽然只是妻子的一句戏言，但还是把猪杀了，以后用"曾子杀彘"这个成语表示严守信用、决不食言。

这篇短文很有现实意义。现在的孩子大都是独生子女，每位父母都教导自己的孩子要诚实。俗话说"身教重于言教"，作为父母应和孩子一起学习坦诚无欺的说话、待人的方式，孩子在耳濡目染之下，一定会是个说话、做事都诚实的好孩子。若父母言行不一致，孩子必然通过观察、模仿而学得这些行为。这时，即使父母再努力纠正，也只会是无功而返。所以说，孩子是父母的一面镜子，孩子的许多行为都是受到父母潜移默化的影响。为了避免给孩子消极的影响，父母应以身作则，诚实待人，信守承诺，为孩子树立一个良好的榜样。

【思考题】

1. 曾子杀彘的原因是什么？

2. 这个故事说明了什么道理？

3. 翻译下面两句话，解释加点的字。

①女还，顾反为女杀彘。

②今子欺之，是教子欺也。

【参考答案】

1. 教育孩子诚实守信。 2. ①教育孩子不仅要注意言教，更要注意身教。②言行要一致，要守信（“言必行，行必果”）。 3. ①女同“汝”，你；回来。（翻译略）。 ②敬称；孩子。（翻译略）。

（刘红英）

画鬼最易

客有为①齐王画者，齐王问曰："画孰②最难者？"曰："犬、马最难。""孰最易者？"曰："鬼魅③最易。"

夫④犬、马人所知之也，旦暮⑤罄⑥于前，不可⑦类⑧之，故难。鬼魅无形者，不罄于前，故易⑨之也。

（韩非《韩非子·外储说左上》）

【注释】

①[为]给，替。 ②[孰]哪个，什么。疑问代词，常带有选择的意味。 ③[鬼魅(mèi)]鬼怪。 ④[夫]发语词，常用在一句话的开头，表示将要议论，一般不翻译。 ⑤[旦暮]一天到晚。旦，白天；暮，夜晚。 ⑥[罄(qìng)]显现，显露。 ⑦[不可]不能够。可，能够。 ⑧[类]动词，"相似，类似"。 ⑨[易]动词，"认为容易，感到容易"。

【译文】

客人中有一个给齐王画画的，齐王问他说："什么最难画？"客人说："狗、马最难画。"齐王又问他："什么最容易画？"（客人）说："鬼怪最容易画。"

狗和马是人们熟悉的，从早到晚整天地显现在人们面前，不容易画得那么像，所以难画。鬼怪，是没有一定形态的东西，不显现在人们的眼前，（没有一定的衡量标准，）所以觉得容易画。

【简析】

要想将常见的事物或易做的事情做得更好，并非易事，正所谓"看起来容易，做起来难"。这则寓言从画鬼画犬马孰难孰易的故事中揭示了这一深刻的道理。

本文在写法上的特点是：

其一，从语言对话入手，先叙后议，叙述中暗隐着议论，议论中寓蕴着观点，前后紧密，贯于一体。这从开头至"鬼魅最易"的叙述中和"夫犬马"至结尾的议论中，及“故难”“故易”的照应中得以鲜明的体现。

其二，寓意深刻，道理鲜明。本文从画画的难易入手，通俗易懂；用犬马、鬼魅这类最引人注目最令人感兴趣的物相作答，难易不但流之言表，而且原因、道理蕴于其中。古人云：“言之明而意在其中也。”

【思考题】

1. 分析为什么说“犬马最难”“鬼魅最易”（用原文回答）？

2. 翻译句子。

①夫犬、马人所知之也。

②鬼魅，无形者，不罄于前，故易之也。

3. 这则寓言故事阐述了什么道理？

【参考答案】

1. 原因：夫犬马、人所知之也；鬼魅，无形者，不罄于前，故易之也。 2.（见译文）。 3.（见“简析”）。

（王玉华）

鲁人徙越

鲁人身善织屦[①]，妻善织缟[②]，而欲徙于越。或谓之曰："子[③]必穷[④]矣！"鲁人曰："何也？"曰："屦为履之也，而越人跣行[⑤]。缟为冠之也，而越人被[⑥]发。以子之所长，游于不用之国，欲使无穷，其可得乎[⑦]？"

（韩非《韩非子·说林上》）

【注释】

①[屦(jù)]草鞋或麻鞋。 ②[缟(gǎo)]古代的一种白绢。 ③[子]古代对男子的尊称。译作"您"。 ④[穷]走投无路。 ⑤[跣(xiǎn)]光脚。 ⑥[被]同"披"。 ⑦[其可得乎]那怎么可能呢？其……乎，表反问语气，相当于"那……呢？"。

【译文】

鲁国有一个人自己很擅长编鞋子，他的妻子擅长织白绢，他和妻子想迁居到越国去。有人对他说："你到越国后肯定会走投无路的！"这个鲁国人反问道："为什么呢？"那个人说："鞋子是用来穿的，但是越国人喜欢光着脚走路。白绢是用来做帽子戴的，但是越国人是披散着头发的。凭着你们拿手的技术，迁居到用不着它们的国家去，想让自己不走投无路，那怎么可能呢？"

【简析】

《鲁人徙越》这篇文章说明了一个深刻的道理：做事之前一定要进行细致周密的调查，从实际情况出发，切忌盲目蛮干，否则会做无用功，碰钉子。"善织屦""善织缟"的人迁到人们"跣行""被发"的越国，正是没有从实际出发进行细致周密调查研究的结果。如果没有明智之人的劝阻，他们的结果可想而知。

本文写作特点是以小见大，深刻的道理蕴含在通俗易懂的故事之中，使人容易理解，并从中受到启发：在生活、工作、学习中不能盲目蛮干，而要进行调查研究，从实际情况出发，避免失误。

【思考题】

1. 翻译句子。

①鲁人身善织屦。

②……越人跣行……越人被发

2. 分析鲁国人不能迁到越国去的原因。

3. 本文阐述了什么道理？

【参考答案】

1.（见译文）。 2. 越人跣行、被发，鲁人及妻之长无所用。 3. 做事情要进行调查研究，从实际出发。

（黄 晶）

杨布击狗

杨朱之弟杨布衣素衣①而出。天雨，解②素衣，衣缁衣③而反④，其狗不知而吠⑤之。杨布怒，将击之。杨朱曰：“子⑥毋⑦击也，子亦犹是⑧。曩者⑨使女⑩狗白而往，黑而来，子岂能毋怪哉？”

（韩非《韩非子·说林下》）

【注释】

①[衣素衣]穿白色的衣服。第一个“衣”为动词，穿；第二个“衣”为名词，衣服。素，白色。 ②[解]脱去。 ③[缁(zī)衣]黑色的衣服。 ④[反]通“返”，回来。 ⑤[吠(fèi)]狗叫。 ⑥[子]你。 ⑦[毋(wú)]不要，不可以，表禁止。 ⑧[犹是]如同这样，像这样。犹，好像，如同。 ⑨[曩(nǎng)者]从前，早先。者，用在时间词后，表示“……的时候”。 ⑩[女]同“汝”，你，你的。

【译文】

（有一天，）杨朱的弟弟杨布穿着白衣服外出。天下起了雨，他脱掉了白衣服，穿着黑色衣服回家，他家的狗认不出他，对着他叫。杨布很生气，要打它。杨朱说：“你不要打它，你也和它一样。假使让你的白色的狗出去，（结果）回来成了一只黑色的狗，你难道不觉得奇怪吗？”

【简析】

运用寓言故事和生活琐事说明道理、阐述观点是韩非子游说善变文章的特点之一。这些内容主要集中在《韩非子·说林》上下、《韩非子·储说》内外等篇目中。该文就是通过杨布击狗的故事阐述了这样一个道理：不应该只看事物的表面现象，而应当透过事物的表面现象，把握好事物的本质内涵。

这个道理作者不是直言相告，而是通过“布衣素衣而出”“衣缁衣而反”“狗不知而吠之”为开端，以杨布“怒”“击”为发展和高潮，以“杨朱曰‘子亦犹是’”为结局，诙谐、幽默，余味无穷，使深刻的道理蕴寓在日常的生活中，深邃的哲理融乳在犀利的表述之内。仔细揣思，该故事对我们也不无启发："金玉其外，败絮其中"（重而言之），重表不重里，重现象而非重本质，重言辞而非重行动的又何止"狗吠缁衣""布怪黑狗"呢？让大家还是擦亮双眼、拨开云雾，投入到事物的心脏中去吧。

这个故事也讽喻"己所不欲，勿施于人"的哲理。

【思考题】

1. 文中"狗吠之（杨布）"的原因是什么？

2. 这个故事告诉我们什么道理？

3. 本文在写法上的一个显著特点是采用了怎样的写法，使深刻的道理深入浅出、通俗易懂？试说明之。

【参考答案】

1. 杨布穿白衣服出去，黑衣服回来，狗不认识他了。 2. 对待事物不能只看现象而要重本质。 3.（见"简析"）。

（王玉华）

鲁相嗜鱼

公孙休①相鲁而嗜鱼，一国尽争买鱼而献之。公仪子不受。其弟子谏②曰："夫子③嗜鱼而不受者，何也？"对曰："夫④唯嗜鱼，故不受也。夫即受鱼，必有下人之色⑤，有下人之色，将枉于法，枉于法，则免于相。虽嗜鱼，彼必不能长给⑥我鱼，我又不能自给鱼；即无受鱼而不免于相，虽嗜鱼，我能长自给鱼。"此明夫恃人⑦不如自恃也，明于人之为己者不如己之自为也。

（韩非《韩非子·外储说右下》）

【注释】

①[公孙休]人名，又名公孙仪。 ②[谏]下对上、幼对长进行劝告。 ③[夫子]这里是对老师的尊称。 ④[夫]用在句首，表引起议论。 ⑤[下人之色]对人逢迎的脸色。 ⑥[给]古代指不断地供应。 ⑦[恃人]依靠别人。恃，依靠，依赖。

【译文】

公仪休担任鲁国宰相时，喜欢吃鱼。全国的人都争着买鱼献给他。可是公孙休不接受。他的弟子劝告他说："先生喜欢吃鱼却又不接受别人送的鱼，为什么呢？"公孙休回答说："正因为我喜欢吃鱼，所以才不接受别人的鱼。如果我接受了别人的鱼，就一定会迁就别人的脸色；迁就别人的脸色，就会徇情枉法、违背法令；违背法令，就会免去我的宰相之职。这样，我虽然爱好吃鱼，但别人肯定不能长期供给我鱼吃，我又不能自己给自己弄到鱼。如果我不接受别人献的鱼，就不会免去宰相的职位，即使我爱吃鱼，我也能经常给自己弄到鱼吃。"这是懂得依靠别人不如依靠自己、靠别人为自己不如我自己为自己的道理的人。

【简析】

公孙休是一国之相，权势在一人之下万人之上。国人趋炎附势，争抢着给他送鱼，而他深知："吃人家的嘴短，拿人家的手短。"这样将枉于法，相位也会难保；没了相位，别人也不会再献鱼，自己也将很难得到鱼。如果不受鱼，就不会枉于法,自己的相位也不会丢,即使没人献鱼,自己也有能力弄到鱼。看来公孙休的确是一个聪明睿智、深知事情的主次轻重的人。这对现代那些身居高位的人不是一个很好的启示吗?

《鲁相嗜鱼》体现了韩非子文章的一个特点:善于运用比喻、寓言、历史故事说明事理,使文章生动形象,机智幽默。本文借公孙休不受别人献鱼的故事,层层推进,环环相扣,说理透彻,形成了“故事——说理”两个层次。叙议结合,理寓事中,事借理明,行文构思十分巧妙。

【思考题】

1. 解释下列加点的词语。

①公孙休相鲁而嗜鱼。

②则免于相。

③夫即受鱼。

2. 试写出与“我”意思相同的三个词语。

3. 翻译句子。

虽嗜鱼,彼必不能长给我鱼,我又不能自给鱼。

4. 本文说明了一个什么道理(请用原文中的话回答)?

【参考答案】

1. ①辅佐;②相位;③如果。 2. 吾、余、予。 3. 见译文。 4. 夫恃人不如自恃也,明于人之为己者不如己之自为也。

(黄　晶)

滥竽充数

齐宣王[①]使人吹竽[②]，必[③]三百人。南郭处士[④]请为王吹竽，宣王说[⑤]之。廪食[⑥]以数百人等。宣王死，湣王[⑦]立，好[⑧]一一听之。处士逃。

（韩非《韩非子·内储说上》）

【注释】

①[齐宣王]战国时齐国的国君。 ②[竽(yú)]古代一种簧管乐器名。 ③[必]必定。 ④[处(chǔ)士]古代对有学问、有品德而没作官的人的称呼。这里是戏称。 ⑤[说]同“悦”，高兴。 ⑥[廪(lǐn)食(sì)]由公家供给粮食。 ⑦[湣王]宣王死后继王位。 ⑧[好]喜欢。

【译文】

齐宣王让人吹竽，必定要三百人一齐来吹。有位南郭先生也来请求为齐王吹竽，齐宣王很高兴。官府给他的待遇同那几百人一样。宣王死后，湣王继位，他喜欢听乐工一个个地独奏。南郭先生便逃走了。

【简析】

不会吹竽的南郭先生，混在吹竽的队伍里骗取“廪食”，自然可恶。但如果没有齐宣王“使人吹竽，必三百人”的空子可钻，南郭先生能混得进去吗？待湣王即位，“好一一听之”时，南郭先生能主动逃走，也算这位冒牌的“处士”有点自知之明吧！

【思考题】

1. 南郭先生是一个怎样的人？他为何能在齐宣王跟前混得不错，为什么湣王继位后他只好逃走？

2. 成语“滥竽充数”除讽刺对方外，还有别的用法吗？

【参考答案】

1. 南郭先生是一个没有真才实学，冒充内行，浑水摸鱼骗取名利的人。他能在齐宣王跟前混，是钻了齐宣王让人吹竽，一定要听三百人合奏的空子。湣王即位后，他怕露了马脚，被人识破才逃走的。　2. 有时也用以表示自谦。

（卢传华）

买椟还珠

楚人有卖其珠于郑者，为木兰①之柜②，熏以桂椒③，缀④以⑤珠玉，饰以玫瑰⑥，辑⑦以羽翠⑧。郑人买其椟⑨而还其珠。

此可谓⑩善卖椟矣，未可谓善鬻⑪珠也。

（韩非《韩非子·外储说左上》）

【注释】

①[木兰]一种肌细心黄的木材。 ②[柜]这里指匣子。 ③[桂椒]指牡桂和花椒，都是香料名。 ④[缀]装饰。 ⑤[以]用。 ⑥[玫瑰]宝石。玫，一种玉。瑰，一种像玉的石头。 ⑦[辑]通“缉”。聚集，这里有“衬托”的意思。 ⑧[羽翠]翡翠色的羽毛。 ⑨[椟(dú)]装物品的匣子。 ⑩[可谓]可以说。 ⑪[鬻(yù)]卖。

【译文】

有个楚国人，到郑国去卖珍珠，他用木兰木做成了一个匣子，熏上牡桂和花椒的香气，缀系上珠玉，装饰上宝石，穿插上翡翠。一个郑国人只买了他的匣子，而把珍珠还给了他。

这可以说这个楚国人擅长卖匣子，但不能说擅长卖珍珠呀。

【简析】

楚人卖珠，过分讲究形式，以至形式超过了内容，从而掩盖内容，歪曲内容，损害内容。这种外表上使人眼花缭乱，反而看不到主体本质的形式主义的做法是不可取的。当然，郑人买下匣子，退还珍珠，这种舍本逐末、取舍失当的行为，也给后人留下了笑柄。

【思考题】

1. 楚人为什么没能将珍珠卖出去？

2. 郑人“买椟还珠”留给我们的启示是什么？

【参考答案】

1. 因为他把装珠的匣子装饰得过于精美,以致于使人只看中了匣子,而不想买珠子。 2. ①形式要为内容服务,不能喧宾夺主。 ②做事要看准本质,不能舍本逐末。

(卢传华)

郑人买履

郑人有欲买履者①，先自度②其足，而置之其坐③。至之④市，而忘操之⑤。已得履，乃曰："吾忘持度⑥。"反归取之。及反⑦，市罢⑧，遂不得履。人曰："何不试之以足？"曰："宁⑨信度，无自信也。"

（韩非《韩非子·外储说左上》）

【注释】

①[欲]想。履(lǚ)：鞋。　②[度(duó)]量(动词)。　③[置]放置。坐：座位；"坐"通"座"。　④[之]往，到，动词。　⑤[操]持，拿。之：尺码。　⑥[度(dù)]尺码，尺寸，名词。　⑦[反]通"返"。　⑧[市罢]集市散了。　⑨[宁(nìng)]宁可，宁愿。

【译文】

郑国有一个想买鞋的人，他先量了量自己的脚，把量好的尺码放在他的座位上。他到了集市上，却忘记拿尺码了。他已经选好了一双鞋子，就（对卖鞋的）说："我忘记拿（鞋的）尺码了。"于是又返回家去取尺码。等到回来，集市散了，他竟没有买到鞋子。有人问他："你为什么不用脚去试一试鞋呢？"他说："我宁可相信尺码，也不相信自己的脚。"

【简析】

这则寓言故事对那种脱离实际，轻视实践，一味地死抠书本、相信书本的教条主义者给予了有力的讽刺。我们从中悟到一个重要的道理：无论做什么事情都要从实际出发，不要被一些条条框框束缚住手脚。

【思考题】

1. 给下列句中加点的字注音并解释。

①欲买履者　　履(　　　)__________

②先自度其足　　度(　　　)__________

③宁信度　　　宁(　　　)__________

　　　　　　　度(　　　)__________

2. 指出文中的通假字,并释义。

3. 翻译句子。

何不试之以足?

4. 从这则寓言故事中得到什么启示?

【参考答案】

1. ①履(lǚ):鞋。 ②度(duó):量。 ③宁(nìng):宁可。度(dù):尺码。 2. ①"坐"通"座",座位; ②"反"通"返",返回。 3. 你为什么不用自己的脚去试一试鞋子的大小呢? 4. 无论做什么事情都要从实际出发,反对教条主义。

(李芙蓉)

晏子使楚(一)

晏子①使楚②。以③晏子短④,楚人为小门于大门之侧而延⑤晏子。晏子不入,曰:“使狗国者从狗门入;今臣⑥使楚,不当从此门入。”傧者⑦更道⑧,从大门入。

见楚王。王曰:“齐无人耶?”晏子对曰:“齐之临淄⑨三百闾⑩,张袂成阴⑪,挥汗成雨,比肩继踵⑫而在,何为⑬无人?”王曰:“然则⑭子何为使乎?”晏子对曰:“齐命使各有所主⑮,其贤者使使⑯贤主,不肖⑰者使使不肖主。婴最不肖,故直⑱使楚矣?”

(《晏子春秋》)

【注释】

①[晏子]名婴,字平仲,夷维(今山东高密)人,春秋末期齐国大夫。 ②[使楚]出使到楚国去。 ③[以]因为。 ④[短]矮,身材短小。 ⑤[延]请。 ⑥[臣]古人自身谦称。⑦[傧者]做向导的人。 ⑧[更(gēng)道]改而引导。更,改变、改。道,通“导”。 ⑨[临淄]齐国都。(今山东临淄东北) ⑩[闾(lǘ)]古代以二十五家为一闾,此言人口之多。⑪[张袂(mèi)成阴]张,展开。袂,衣袖。成阴,指遮没阳光。 ⑫[比肩继踵]肩挨着肩,脚连接脚,形容行人拥挤的繁华景象。比,并列,挨着。踵,脚后跟。 ⑬[何为]怎么能说。为,通“谓”。 ⑭[然则]意为“(既然)这样,那么……”。 ⑮[所主]所掌管的那部分内容叫“所主”,在这里意近于“对象”。 ⑯[使使]派他出使。上一个“使”作“派遣”讲,下一个“使”作“出使”。中间省略代词“之”。 ⑰[不肖]不贤。 ⑱[直]这里是“正好”的意思。

【译文】

晏子出使楚国。因为晏子身材短小,楚国人在大门的旁边开一个小门请晏子进去。晏子不进去,说:“出使到狗国的人才从狗门进入,今天我出使到楚国来,不应该从这个门进去。”带路的人改路引导,请晏子从大门进去。

晏子拜见楚王。楚王说:“齐国没有人才吗?”晏子回答说:“临淄有三百闾人家,人们一起张开袖子天就阴暗下来,一起挥洒汗水就汇成大雨,肩靠着肩,脚接着脚在那里，怎么说没有人才呢？”楚王说：“那么你为什么会当使臣呢？”晏子回答说：“齐国派遣使臣，各有不同的对象。那贤能的人被派遣出使到贤能的国王那里，不贤能的人被派遣到不贤能的国王那里。我晏婴是最不贤能的，所以正好出使到楚国来了。”

【简析】

《晏子春秋》是一部记叙齐国晏子的思想言行，反映晏子政治主张的古代文学名著。这里节选的《晏子使楚》在塑造人物时作者着力于对话描写，主要向读者展示了一个以国家尊严为重，沉着机敏，不辱外交使命的晏子形象。文中楚王两次为难晏子，借以藐视齐国，却都被晏子教训，自取其辱，这也告诉了人们轻人者必为人轻的道理。

【思考题】

1. 晏子两次御辱，请概述出来。

2. 请分别评析晏子和楚王这两个人物形象。

3. 翻译句子。

①张袂成阴，挥汗成雨。

②其贤者使使贤主，不肖者使使不肖主。

【参考答案】

1.（1）晏子不钻狗洞；（2）晏子巧辩齐国人才济济。 2. 晏子：以国为重，沉稳机敏，不辱外交使命。楚王：妄自尊大，反自取其辱。 3. ①一起张开袖子天就阴暗下来，一起挥洒汗水就汇成大雨。②那贤能的人被派遣出使到贤能的国王那里，不贤能的人被派遣出使到不贤能的国王那里。

（史向辉）

去　私

景公之时，雨雪三日而不霁①。公披狐白之裘②坐于堂侧阶。晏子入见，立有间③，公曰："怪哉！雨雪三日而天不寒。"晏子对曰："天不寒乎？"公笑。晏子曰："婴闻古之贤君饱而知人之饥，温而知人之寒，逸而知人之劳。今君不知也。"公曰："善！寡人闻命④矣。"乃出裘发粟以与饥寒者。

（《晏子春秋》）

【注释】

①［霁（jì）］雨雪天转晴。　②［狐白之裘（qiú）］用狐腿白毛缝制的皮衣。狐白，狐狸腿下部分的白色皮毛，是狐皮最好的部分。裘，皮衣。　③［立有间］站了一会儿。　④［闻命］受到教诲。

【译文】

齐景公在位的时候，雪下了三天不转晴。景公披着狐皮大衣坐在朝堂一侧的台阶上。晏子进去朝见，站了一会儿，景公说："奇怪呀！大雪下了三天，可是天气不冷。"晏子回答说："天气果真不冷吗？"景公笑了。晏子说："我听说古时候贤德的君主自己吃饱了却想到别人的饥饿，自己温暖了却想到别人的寒冷，自己安闲了却想到别人的劳苦。现在您不曾想到别人啊。"景公说："好！我受到教诲了。"于是拿出皮衣，打开粮仓，来发给饥寒的人。

【简析】

齐景公自己穿着裘皮大衣却不知道百姓寒冷，晏子敢于直言使景公"闻命"改过。这则故事的意义，在于教育人们为人做事不应只想着自己，应当学"古之贤君饱而知人之饥，温而知人之寒，逸而知人之劳"。遇事多站在别人的立场上去想一想，多想一想别人。文中一问一答很自然地推动了故事情节的发展。

【思考题】

1. 请找出能表现晏子劝谏思想的句子并翻译。

2. 谈谈你读了本文后的感想。

【参考答案】

1. 婴闻古之贤君饱而知人之饥,温而知人之寒,逸而知人之劳。翻译:我听说古时候好的君主自己吃饱了却想到别人的饥饿,自己温暖了却想到别人的寒冷,自己安闲了却想到别人的劳苦。 2.(略)。

(史向辉)

晏子使楚(二)

晏子将使楚。楚王闻之,谓左右曰:“晏婴,齐之习辞[1]者也。今方[2]来,吾欲辱之,何以也?”

左右对曰:“为[3]其来也,臣请缚一人,过王而行。王曰:‘何为者也?’对曰:‘齐人也。’王曰:‘何坐[4]?’曰:‘坐盗。’”

晏子至。楚王赐晏子酒。酒酣[5],吏二缚一人诣[6]王。王曰:“缚者曷[7]为者也?”对曰:“齐人也,坐盗。”

王视晏子曰:“齐人固善盗[8]乎?”

晏子避席[9]对曰:“婴闻之,桔生淮南则为桔,生于淮北则为枳[10]。叶徒相似,其实[11]味不同。所以然者何[12]?水土异也。今民生长于齐不盗,入楚则盗,得无[13]楚之水土使民善盗耶?”

王笑曰:“圣人非所与熙[14]也,寡人反取病焉[15]。”

(《晏子春秋》)

【注释】

①[习辞]善于辞令,很会讲话。 ②[方]将要。 ③[为]意同“于”,在。 ④[何坐]犯什么罪。 ⑤[酣]酒喝得畅快。 ⑥[诣]到。 ⑦[曷]同“何”,什么。 ⑧[善盗]惯做偷贼。 ⑨[避席]离席站起来。 ⑩[枳]果实像桔但小而苦。 ⑪[实]果实。 ⑫[所以然者何]为什么会这样。 ⑬[得无]莫不是,可不是。 ⑭[熙]同“戏”,开玩笑。 ⑮[取病]自找没趣。

【译文】

晏子将要出使到楚国去。楚王听说晏子要来,对他左右的人说:“晏婴,是齐国善于辞令的人,现在将要来楚国,我想羞辱他一番,你们看有什么办法?”

左右的人回答说:“等他来了以后,让我们绑一个人在你面前经过。大王就问:‘是什么人?’我们说:‘齐国人。’大王再问:‘犯什么罪?’我们就说:‘犯了盗窃罪。'”

晏子到了楚国,楚王设筵席招待晏子。正当他们酒喝得高兴的时候,有两个官员绑着一个人走到楚王面前来。楚王问道:“这个绑着的人犯了什么罪?”回答说:“是个齐国人,犯了盗窃罪。”

楚王看着晏子说:“齐国人习惯于做盗贼吗?”

晏子离开席位站起来说:“我听说,桔树生在淮南结的是桔子,生在淮北就成了枳子了。它们叶子很相像,但果实的味道却完全不同。为什么会这样呢?那是水土不同的缘故啊。现在这人生长在齐国不偷盗,到了楚国,便做起盗贼来,莫不是楚国的水土使人善于做盗贼吧?”

楚王笑笑说:“圣人是不能跟他开玩笑的,我倒自找没趣了。”

【简析】

晏子被楚王尊为“圣人”,不仅在于他的善辩,更在于他的勇敢。面对强国之君的戏谑,晏子表现得不卑不亢,才思敏捷。以“南桔北枳”的绝妙比喻维护了国家的尊严,也赢得了楚王对他的尊敬。晏子的不辱使命,告诉人们:人不可有傲气,但不可无傲骨。

【思考题】

1. 指出下列各句中的通假字并释义。

①缚者曷为者也。

②圣人非所与熙也。

2. 晏婴在这场外交斗争中巧妙地运用了类比的手法,其中将“淮南”比为______,“淮北”比为______;将“桔”比为______,以“枳”比为______。

3. 造成“南桔北枳”的原因是什么(请用原文回答)?

4. 晏子为何能不辱使命?谈谈你的理解。

【参考答案】

1. ①“曷”同“何”,什么。 ②“熙”同“戏”,开玩笑。 2. 齐国,楚国;齐人,楚人。 3. 水土异也。 4. 有一颗强烈爱国心和渊博的学识,智勇双全,所以能不辱使命。

(吕海涛)

军　争

故三军可夺气①，将军可夺心②。是故朝气锐③，昼气惰，暮气归。故善用兵者，避其锐气，击其惰归，此治气者也。以治待乱，以静待哗，此治心者也。以近待远，以佚待劳，以饱待饥，此治力者也。无邀④正正⑤之旗，勿击堂堂⑥之阵，此治变者也。

（《孙子·军争》）

【注释】

①［夺气］挫伤士气。夺，剥夺，这里指打击、挫伤。　②［夺心］指动摇将军的决心。　③［气锐］指气盛。“气惰”指士气怠惰，“气归”指气竭。　④［邀］这里是“迎击、截击”的意思。　⑤［正正］整齐。　⑥［堂堂］强大。

【译文】

所以对于敌人的军队，可以挫伤他的锐气；对于敌人的将军，可以动摇他的决心。军队早晨初战的时候，士气旺盛，当午就逐渐怠惰，傍晚就会气竭思归。所以善于用兵的人，总是避开敌人的锐气，等到敌人松懈疲惫了才去打它，这是掌握军队士气的方法。用自己的严整等待敌人的混乱，用自己的冷静等待敌人的轻躁，这是掌握军心的方法。用自己的部队接近战场来等待敌人的远道而来，用自己部队的安逸休整来等待敌人的奔走疲劳，用自己的粮足食饱来等待敌人的粮尽人饥，这是掌握军队战斗力的方法。不去迎击旗帜整齐、部署周密的敌人，不去攻击阵容严正、实力强大的敌人，这是掌握战略战术机动的方法。

【简析】

本篇主要论述如何先敌争取制胜条件，取得有利作战地位问题，并提出“避其锐气，击其惰归”的著名军事原则。孙子是古代著名的军事家，他提出的“朝气锐、昼气惰、暮气归”的作战规律与《曹刿论战》中“一鼓作气，再而衰，三而竭”有异曲同工之妙，为历代军事家所延用。

文章多用排比句，句势整齐。同时多用短句，语气铿锵有力。由此表现出一位军事家的风范。

【思考题】

1. 在本篇中，作者通过______句式，提出了______、______、______、______的作战指导思想和办法。

2. 本文中提到的“朝气锐，昼气惰，暮气归”，在战国时期齐国与鲁国的长勺之战中被曹刿(guì)总结为一句成语，这个成语是____________。

3. 谈谈你对“避其锐气，击其惰归”这句话的理解。

【参考答案】

1. 排比，“治气”“治心”“治力”“治变”。 2. 一鼓作气。 3. 避开敌人的锐气，等到敌人怠惰疲惫、士气沮丧时予以攻击，以求减杀其优势。

（杨　颖）

祁黄羊去私①

晋平公问于祁黄羊[②]曰："南阳无令[③]，其[④]谁可而[⑤]为之？"黄羊对曰："解狐[⑥]可。"平公曰："解狐非子之仇邪？"曰："君问可，非问臣之仇也。"平公曰："善。"遂用之。国人称善焉。

居有间[⑦]，平公又问祁黄羊曰："国无尉[⑧]，其谁可而为之？"对曰："午可。"平公曰："午非子之子邪？"对曰："君问可，非问臣之子也。"平公曰"善。"又遂用之。国人称善焉。

孔子闻之，曰："善哉，祁黄羊之论也！外举不避仇，内举不避子[⑨]，祁黄羊可谓公矣。"

（《吕氏春秋·孟春纪》）

【注释】

①[私]偏爱。 ②[晋平公]春秋时晋国的国君。祁黄羊，名奚，字黄羊，晋国的大夫。 ③[南阳]地名。令，县官。 ④[其]是由指示代词弱化而成的表示商酌语气的词。 ⑤[而]同"以"。 ⑥[解(xiè)狐]人名。 ⑦[居有间]过了些时日。 ⑧[尉]管理军事的官，相当于后来的廷尉。 ⑨["外举"二句]对外人，不因为和他有仇而避不荐举，对自己，不因为他是自己的亲戚而避不推荐。

【译文】

晋平公向祁黄羊问道："南阳没有县官，那谁可以胜任这个工作呢？"祁黄羊回答说："解狐可以胜任。"平公说："解狐不是你的仇人吗？"黄羊回答说："您问谁可以胜任，又不是问谁是我的仇人呀。"平公说："好。"于是任用了解狐。全国的百姓都说解狐很合适。

过了些时日，平公又问黄羊道："朝廷缺个廷尉，那谁适合担任这个职务呢？"黄羊答道："祁午可以担任。"平公说："祁午不是你的儿子吗？"黄羊答道："您问的是谁适合，不是问谁是我的儿子呀。"平公说："好。"于是又任用了祁午。全国的百姓都说祁午很胜任。

孔子听说了这件事,说:“祁黄羊的话说得多好啊!对外人,不因为和他有仇而避不荐举,对自己,不因为他是自己的亲戚而避不推荐。祁黄羊可以说是公正无私了。”

【简析】

本文作者主要通过人物对话表现人物性格,人物对话主要运用了白描的手法,几句朴素的言语便让人物“外举不避仇,内举不避亲”的品格得以体现。文章叙事与评论部分相得益彰,叙事为议论部分做了充分的蓄势,文章的主题自然突现出来。

【思考题】

1. 晋平公对祁黄羊的回答提出质疑时,所用的问句为何种类型,其作用如何?

2.“善哉,祁黄羊之论也!”一句为何种句式,这样的句式有什么好处?

3. 翻译句子。

①南阳无令,其谁可而为之?

②君问可,非问臣之仇也。

4. 综合祁黄羊的答话和孔子对他的评论,说说祁黄羊具有什么样的品质?

【参考答案】

1. 反问句。在这里起强调作用,平公用这种问句强调指出解狐是黄羊的仇人。 2. 倒装。将“善哉”提前,强调了黄羊言论的精妙和孔子对他的钦佩之情。 3. ①南阳没有县官,那谁可以胜任这个工作呢? ②您问谁可以胜任,不是问谁是我的仇人呀。 4. 公正无私、唯才是举。

(刘长春)

刻舟求剑

楚人有涉[1]江者，其剑自舟中坠于水。遽[2]契[3]其舟，曰："是[4]吾剑之所从坠[5]。"舟止，从其所契者[6]入水求[7]之。

舟已行矣，而剑不行。求剑若此，不亦惑[8]乎？

（《吕氏春秋·察今》）

【注释】

①[涉]渡。 ②[遽(jù)]立刻。 ③[契]同"锲"，刻。 ④[是]代词，这地方。 ⑤[所从坠]掉下去的地方。 ⑥[所契者]刻记号的地方。 ⑦[求]寻找。 ⑧[惑]糊涂、迷惑。

【译文】

楚国有个渡江的人，他所佩带的宝剑不慎落入江中。那人就立刻在船帮上刻了一个记号，说："这里是我的剑掉下去的地方。"船停下来以后，他就从刻记号的地方跳入江水中，去寻找它的宝剑。

船已行走了，但是宝剑是不会移动的。像这样去找剑，不也是太糊涂了吗？

【简析】

《吕氏春秋》是吕不韦的门客集体编撰，它几乎集合了先秦思想界各种各样的见解。吕不韦，战国末期卫国濮阳人，秦始皇的相国，被尊为"仲父"，其思想倾向于儒、道两家。任何事物有静止的一面，也有运动变化的一面，而静止是相对的，运动变化是绝对的。所以，我们必须用运动发展的眼光看待事物。墨守成规，拘泥守旧，势必会导致失败。

后来人们根据这个故事，概括出成语"刻舟求剑"，用来形容那些不知根据实际情况灵活变通，办事刻板，一味拘泥于旧的规矩、制度的思想、行为。

【思考题】

1. 下面句中加点词的意思相同的一项(　　)

A 是吾剑之所从坠。
从其所契者入水求之。

B 舟已行矣,而剑不行。
望桓侯而旋走。

C 舟止,从其所契者入水求之。
止增笑再。

D 求剑若此。
虎求百兽而食之。

2. 用现代汉语翻译下列句子。

①遽契其舟,曰:“是吾剑之所从坠。”

②求剑若此,不亦惑乎?

3. 你从这则故事中悟出一个什么道理?

【参考答案】

1. D。　2. ①立刻在他的船帮上刻上一个记号,说:“这里是我的剑掉下去的地方。”②像这样去找剑,不也太糊涂了吗?　3. 要用发展的眼光看待事物,处事要灵活变通。墨守成规地去办事,一定会碰壁、失败。

(邢峭俏)

法不徇情

墨者[①]有巨子[②]腹䵍[③]居秦,其子杀人。秦惠王[④]曰:"先生之年长矣,非有他子[⑤]也,寡人已令吏弗诛[⑥]矣。先生之以[⑦]此听寡人也。"腹䵍对曰:"墨者之法曰:'杀人者死,伤人者刑。'此所以禁杀伤人也。夫[⑧]禁杀伤人者,天下之大义也。王虽为之赐,而令吏弗诛,腹䵍不可不行墨者之法。"不许[⑨]惠王,而遂杀之。

子,人之所私[⑩]也,忍所私以行大义,巨子可谓公矣。

(《吕氏春秋·孟春纪》)

【注释】

①[墨者]指战国时的墨家学派,创始人为墨翟。 ②[巨子]等于说"大师",战国时墨家对本学派有重大成就的人的称呼。 ③[腹䵍(tūn)]人名,姓腹名䵍。 ④[秦惠王]战国时秦国国君,名驷。 ⑤[他子]另外的儿子。"他"意为另外的、别的,不是第三人称代词。 ⑥[弗诛]不杀死(他)。 ⑦[以]相当"于",介词。⑧[夫(fú)]语气词,放在句首,表示将发议论。 ⑨[许]答应、允许。 ⑩[私]偏爱。

【译文】

墨家有个大师腹䵍居住在秦国,他的儿子杀了人。秦惠王对腹䵍说:"先生您年纪已经很大了,又没有别的儿子,我已经下令给司法官不要杀他了。请先生在这件事上听从我的话吧。"腹䵍回答说:"墨家的法规说:'杀人的处死,伤人的判刑。'这是用来禁止人们杀人伤人的。严禁杀人、伤人,这是天下的公理。君王您虽然赐给我恩惠,命令司法官不杀我的儿子,但是我却不能不执行墨家的法规。"腹䵍没有答应秦惠王,还是依法杀了自己的儿子。

儿子,是人们所偏爱的,忍心牺牲爱子来遵行天下的公理,这个墨家的大师可算得上公正无私了。

【简析】

《吕氏春秋》又名《吕览》,是先秦杂家的代表著作,由战国末秦相吕不韦集合门客编成。内容广泛，涉及政治、军事、数学、礼制、养生等各方面问题，在吸收了儒、道、墨、法等各家思想精华的基础上，又对其进行了比较大的改造，提出了以德治为主，以赏罚为辅的治国方针。《孟春纪》中的《去私》篇，以尧舜禅让、祈奚荐贤、腹䵍诛子几个事例，从不同角度说明何谓去私，指出君主只有“诛暴而不私”，才能严明赏罚，成就王霸之业。

《法不徇情》一文共两段，第一段运用语言描写，刻画了两个性格鲜明的人物形象，叙述了腹䵍不徇私情、秉公执法的事件。第二段以议论作结，点明中心，赞扬了腹䵍公正无私，以国家利益为重的优秀品质。全篇首尾一贯，条理分明，语言简练，生动形象。

【思考题】

1. 翻译句子。

①先生之以此听寡人也。

②不许惠王，而遂杀之。

2. 文章第二段采用了怎样的表达方式？其作用是什么？

3. 用原文回答，腹䵍为何“不许惠王”？由此可看出他是一个怎样的人？

【参考答案】

1. ①请先生在这件事上听从我的话吧。 ②腹䵍没有答应秦惠王，还是依法杀了自己的儿子。 2. 议论。在前段记叙、描写的基础上阐发议论，起到了揭示中心、画龙点睛的作用。 3. 腹䵍不可不行墨者之法。腹䵍是一个深明大义、公正无私的人。

（刘继红）

穿井得一人

宋之丁氏，家无井，而出溉汲①，常一人居外。及②其家穿③井，告人曰：“吾穿井得一人。”

有闻而传之者曰：“丁氏穿井得一人。”国人道之，闻之④于宋君。宋君令人问之于丁氏。

丁氏对曰：“得一人之使⑤，非得一人于井中也。”

（《吕氏春秋·察传》）

【注释】

①［溉汲］汲水灌溉。　②［及］到。　③［穿］凿，挖。　④［闻之］使动用法，意为“让……听到”，多指上闻、上报。　⑤［使］使用，使唤，这里指劳动力。

【译文】

宋国有一个姓丁的人，家中无井，（需要）到外面去汲水灌溉，（为此）常常一人在外头（专干这事）。等到他家挖了一口井以后，姓丁的告诉别人说：“我挖井得到了一个人。”

有人听了这话，把它传扬开来：“姓丁的挖井得到了一个人。”全国的人都谈说起这件事，还上报给了宋国国君。宋国国君派人向姓丁的询问这事。

姓丁的人回答说：“（我的意思是）得到了一个人的劳力，而不是在井中挖得一个人。”

【简析】

家中无井，确不方便，专门拨出一个人手来干这事，实在可惜；丁氏家中有井之后，自然为省出一个劳力而快乐，谁知一句谐趣而实在之语却被误解，以讹传讹，谣言满天，实在离奇。惊动国君，真相方才告白。可见，不弄清客观事实，只凭道听途说便想当然地理解问题，并再把个人的主观判断四处传播，这是一种多么不尊重事实和不负责任的态度，如果所传之言不是此类生活小事，如果不是还有一个比较注意追究真相的宋君,那么,这种行为小则导致一个人的悲剧,大则导致社会、人类的悲剧。

本文用简洁的语言叙述了事情的起因、经过、结果,其中贯穿全文的一条重要线索是“穿井得一人”。由它的产生、被误解、传播直至事实的澄清,作者始终未加一字评论,而是在平直的叙事中语重心长地暗示了一个道理:尊重事实,不飞短流长。文中“闻而传之”四字虽轻,却是谣言产生的罪魁祸首,也是解读本文寓意的钥匙。

【思考题】

1. 请用简洁的文字概括本文大意,并阐明它所寄寓的道理。

2. 从以下句子中选出“之”的用法与其他三项不同的(　　)

A. 宋之丁氏　　　　B. 闻而传之

C. 国人道之　　　　D. 问之于丁氏

【参考答案】

1. 本文叙述了一个事实被误解、误传的故事,告诫人们:尊重事实,注意调查,不要凭主观臆断妄下结论,也不要做无稽之言的传播者。　2. A。

(韩　辉)

掩耳盗钟

范氏之亡①也，百姓有得钟②者。欲负而走，则钟大不可负；以椎③毁之，钟况然④有音。恐人闻之而夺己也，遽⑤掩其耳。

恶人闻之，可也；恶己自闻之，悖⑥矣。

（《吕氏春秋·自知》）

【注释】

①[范氏之亡]范氏，春秋末期晋国当权的贵族世家之一。晋定公二十二年（公元前490年）被韩、赵、魏、智四家贵族联合打败，逃往齐国。亡，逃亡。 ②[钟]古代铜制打击乐器。 ③[椎]敲击工具，槌子。 ④[况然]况，即今形容钟声的“锽”字。况然，“锽”地一声。 ⑤[遽(jù)]立刻，急忙。 ⑥[悖]荒谬，糊涂。

【译文】

晋国贵族范氏逃亡的时候，有一人（趁乱）偷得一口钟。他想背起钟逃跑，可钟太大背不动，（于是）想用槌子敲碎它，一砸，钟发出锽锽巨响，他害怕别人听到响声把钟夺走，急忙捂住自己的耳朵。

怕别人听到，这是可以理解的，但是以为把自己的耳朵捂起来别人也同样听不见，这就太糊涂了。

【简析】

竟有如此蠢笨的小偷，当他两耳堵得紧紧、大椎舞得起劲之时，捉贼者的脚步声和呐喊声于他都在一个封闭得看似幽静的个人世界之外。自欺欺人中，他落网了，同时落网的，还有一切试图以假象来掩饰丑陋、安慰自己的人和事，这些最终逃不过世人的眼睛、世道的清明。“掩耳盗铃”“掩目捕雀”“一叶障目”说的不都是这个道理吗？

故事第一段采用记叙表达方式，简洁交代主要事实，对人物心理作了重点刻画。矛盾的心理下，盗钟者的贪婪和愚蠢毕现。末段以议论点出此人“悖矣”——糊涂的什么？虽未直接阐述，但给读者留出充分的联想和思考空间，故事的寓意，在读者的理解中加深了、开阔了。

【思考题】

1. 盗钟者"掩耳"的目的是什么，他给了我们什么启示？

2. 翻译句子。

恶人闻之，可也；恶己自闻之，悖矣。

【参考答案】

1. 让别人听不到声音，顺利盗钟。启示：自欺欺人不可能掩盖真相、达到目的。　2. 怕别人听到，可以理解，但是以为把自己的耳朵捂起来别人也同样听不见，这就太糊涂了。

（韩　辉）

臭味相投

人有大臭者，其亲戚①、兄弟、妻妾、知识②，无能与居者。自苦③而居海上。海上人有说④其臭者，昼夜随之而弗能去⑤。

（《吕氏春秋·遇合》）

【注释】

①［亲戚］内外亲属，包括父母和兄弟，此处专指父母。 ②［知识］相识的人。 ③［苦］意动用法，感到苦恼。 ④［说］读“yuè”，通“悦”，喜欢，高兴。 ⑤［去］离开。

【译文】

有个人身上有很大的臭味，他的父母、兄弟、妻妾、朋友，没有一个肯和他在一起生活的。他自己感到很苦恼就迁居到了海边。海边却有一个喜欢他的臭味的人，白天黑夜地跟着他，舍不得离开。

【简析】

本文用极其精练的三句话记叙了一个海上之人专门喜欢逐臭的故事，对比鲜明，道理浅显。出自本文的成语“臭味相投”专指思想、作风、兴趣等相同，很合得来（专指坏的）。本文虽意在谏君，但对今天的我们仍有启迪。

《吕氏春秋》中的《遇合》篇，旨在说明由于君主各有所好，因而士人命运无常。篇中所列几则故事均指出：君子虽然追求功名，但他们不图苟且侥幸，昏聩君主对他们往往不了解，不爱慕，使他们得不到赏识，而愚昧无能的人反而受到重用。

【思考题】

1. 翻译下列语句。

①自苦而居海上。

②昼夜随之而弗能去。

2. 本文给了你什么启示？

【参考答案】

1. ①他自己感到苦恼就迁居到了海边。 ②海上人白天黑夜地跟着他舍不得离开。 2. 人要不断地提高自身的修养和审美情趣，不要追求低级趣味的东西。

（刘继红）

夸父逐日

夸父①与日逐走②，入日③，渴，欲得饮④，饮于河⑤、渭；河、渭不足，北饮大泽⑥，未至，道渴而死。弃其杖，化为邓林⑦。

（《山海经》）

【注释】

①［夸(kuā)父］人名。《山海经》中记载的一个与太阳赛跑的神人。 ②［逐走］逐，追赶。走，跑。逐走，赛跑。 ③［入日］进到太阳的热力范围，引申为靠近太阳时。 ④［饮］名词，喝的东西。下一个“饮”是动词，喝。 ⑤［河］指黄河。 ⑥［大泽］大湖。 ⑦［邓林］地名，今大别山附近。

【译文】

夸父和太阳赛跑，接近太阳时，口渴难忍，他想要得到些喝的东西，到黄河、渭水里喝水；黄河、渭水的水不够喝，又想到北面的大湖里去喝，结果没能走到，在半路上便渴死了。夸父丢弃了手杖，手杖变成了邓林。

【简析】

本文节选自《山海经》，是广为流传的佳品。作者把古代劳动人民对太阳的向往融入到夸父逐日的具体行动中，想象之大胆，令人叹为观止。夸父的形象也因作者对其动作行为的刻画，在读者的心目中高大和丰满起来。“化为邓林”这一结束语，又给了读者以充分的想象空间，让人们仿佛看到夸父矢志不渝的精神幻化作一道美丽的风景。

【思考题】

1. 翻译句子。

①夸父与日逐走。

②北饮大泽。

2. 从“夸父逐日”的故事中，你看到了夸父怎样的优秀品质？

3. 由本文你得到的启示是什么？

【参考答案】

1. ①夸父和太阳赛跑。 ②向北到大湖里去喝水。 2. 夸父的品质：做事既有胆量又有决心，且有为目标而坚忍不拔的精神。 3. 做事应开放思想，敢想敢做，并矢志不渝。（意思对即可。）

（刘长春）

关尹子教射

列子①学射，中矣，请②于关尹子③。尹子曰："子④知子之所以⑤中者乎？"对曰："弗知也。"关尹子曰："未可。"退而习之三年，又以报关尹子。尹子曰："子知子之所以中乎？"列子曰："知之矣。"关尹子曰："可矣，守而勿失也。非独射也，为国与身⑥亦皆如之。"

（《列子·说符》）

【注释】

①［列子］名寇，又名御寇，郑国人，战国前期道家代表人物之一。 ②［请］请教。 ③［关尹子］传说中的人名，古代指箭术高明的射手。 ④［子］对人的尊称，多指男子，意为"您"。 ⑤［所以］意为"……的缘故"。 ⑥［身］自己的品德、才力、行为等。

【译文】

列子学射箭，已经能射中了，去请教关尹子。关尹子问他："你知道你能射中的道理吗？"列子回答说："不知道。"关尹子说："不行。"列子便回去继续练习了三年，又来报告关尹子。关尹子又问道："你知道你能射中的道理吗？"列子说："知道了。"关尹子说："可以了，你已经学成了。今后要牢牢记住这个道理，不要轻易丢掉；不仅射箭应该这样，治理国家和自己做人也都应这样。"

【简析】

《列子》是东晋人搜集有关的古代资料编写而成，里面保存了不少先秦时代的寓言故事和神话传说。《关尹子教射》这则小故事告诉大家这样一个道理：学习以至做任何事情，为了避免盲目性，提高自觉性，都应做到不但知其然，而且知其所以然。而要知其所以然，就要在实践中加以揣摩。本文以对话推动故事的发展，涵义也并未表露在外，但在列子"弗知""习之三年""知之"的过程中，其主旨不言自明。

【思考题】

1. 文中的“列子曰:‘知之矣’”,联系上下文说出列子知道了什么?

2. 文中“(列子)退而习之三年”,联系文章,体会列子练箭的三年是一个怎样的过程?

3. 这则小故事说明了什么道理?

4. 翻译句子。

非独射也,为国与身亦皆如之。

【参考答案】

1. 列子知道了射箭能射中的道理。 2. 列子练习射箭的三年,是他在实践中体会射箭道理的过程。 3. 本文说明的道理:无论做任何事情,都应做到不但知其然,而且知其所以然,并且要在实践中加以揣摩。 4. 不仅射箭应该这样,治理国家和自己做人也都应这样。

(曹燕玲)

纪昌学射

甘蝇,古之善射者①,彀弓而兽伏鸟下②。弟子名飞卫,学射于甘蝇,而巧过其师。

纪昌者,又学射于飞卫。飞卫曰:“尔先学不瞬③,而后可言射矣。”

纪昌归,偃卧④其妻之机⑤下,以目承牵梃⑥。二年之后,虽锥末倒眦⑦,而不瞬也。

以告飞卫。飞卫曰:“未也,必学视⑧而后可。视小如大,视微如著⑨,而后告我。”

昌以氂⑩悬虱于牖⑪南面而望之。旬日之间,浸⑫大也;三年之后,如车轮焉。以睹余物,皆丘山也。乃以燕角之弧⑬,朔蓬之簳⑭射之,贯⑮虱之心,而悬不绝⑯。

以告飞卫。飞卫高蹈拊膺⑰曰:“汝得之矣!”

(《列子·汤问》)

【注释】

①[善射者]善于射箭的人。 ②[兽伏鸟下]此处指野兽被射中而跌倒,飞鸟被射中而坠落。 ③[不瞬]不眨眼。 ④[偃卧]仰面而卧。 ⑤[机]织布机。 ⑥[以目承牵梃]用眼睛盯着织布机的牵梃。承,接受。牵梃,织布机的机件,一说牵梃即梭子。 ⑦[虽锥末倒眦]即使锥子尖刺到眼眶。虽,即使。末,尖。倒,刺。眦,眼眶。 ⑧[视]看的本领。 ⑨[著]明显。 ⑩[氂(máo)]牛尾毛。 ⑪[牖(yǒu)]窗户。 ⑫[浸]逐渐。 ⑬[燕角之弧]燕国的兽角衬里的弓。 ⑭[朔蓬之簳]北方的蓬竹做成的箭杆。簳通“杆”。 ⑮[贯]穿过。 ⑯[绝]断。 ⑰[高蹈拊(fǔ)膺(yīng)]高兴得跳起来,拍着胸脯。

【译文】

甘蝇,是古代擅长射箭的人,只要他拉开弓射出去,野兽就会倒下,飞鸟就掉下来。他的学生名叫飞卫,跟着甘蝇学习射箭,本领却超过了他的老师。

纪昌,又跟着飞卫学习射箭。飞卫说:“你先学会不眨眼,然后才能跟你谈射箭。”

纪昌回到家里，仰面躺在他妻子的织布机下面，用眼睛盯着织布机的牵梃。两年以后，即使有锥子尖刺到他的眼眶，他也能做到不眨眼。

纪昌把练习成绩告诉飞卫。飞卫说："还不行。你必须练习好看的本领以后才可以跟你谈射箭。你要做到了把很小的东西看得很大，把细微的东西看得很明显，再来告诉我。"

纪昌用一根牛尾毛拴上一只虱子挂在窗户上，面向南望着它。十天时间，虱子渐渐大起来了；三年以后，虱子就如车轮那样大了。看别的东西，都像小山一样。于是纪昌就用燕国的兽角衬里的弓、北方的蓬竹做成的箭杆射它，箭穿过虱子的中心，挂虱子的牛尾毛却没断。

纪昌把这件事告诉了飞卫。飞卫高兴得跳起来，拍着胸脯说："你已经掌握射箭的技术了！"

【简析】

《纪昌学射》讲述了纪昌学习射箭的故事。

飞卫教纪昌射箭，并没有一开始就教他射箭的技巧，而是先"学不瞬"，再"学视"。经过认真而持久的练习，纪昌终于达到了"以燕角之弧朔蓬之簳，贯虱之心而悬不绝"的高超技艺。飞卫的这种教学方法，与佛罗基奥要求达·芬奇画蛋，有异曲同工之妙。他们都是强调基本功的训练。只有打好基础，才能取得优异的成绩。

短文以生动的文笔，塑造了两个人物：睿智又活泼的飞卫，勤学而认真的纪昌。语言和动作的描写，细致传神，使得人物个性鲜明、栩栩如生。

【思考题】

1. 飞卫要求纪昌做了哪些事情，这与射箭有什么关系？

2. 读了这则故事，你受到什么启示？

3. 翻译句子。

①彀弓而兽伏鸟下。

②尔先学不瞬，而后可言射矣。

【参考答案】

1. 学不瞬；学视。这是射好箭的前提。 2. 学习一定要重视基本功的训练。 3. ①（只要他）拉开弓（射出去），野兽就会倒下，飞鸟就掉下来。 ②你先学不眨眼，然后才能（跟你）谈射箭。

（王　军）

薛谭学讴

薛谭学讴[1]于秦青，未穷[2]青之技，自谓尽之，遂辞归。秦青弗止，饯[3]于郊衢[4]。抚节[5]悲歌[6]，声振林木，响[7]遏[8]行云。

薛谭乃谢[9]求反，终身不敢言归。

（《列子·汤问》）

【注释】

①［讴(ōu)］唱歌。 ②［穷］尽，到头。 ③［饯(jiàn)］饯行，摆送别宴。 ④［郊衢(qú)］郊外大路。 ⑤［抚节］节，拍板。抚节，轻轻地抚摩着拍板（相对于用力打拍子）。 ⑥［悲歌］慷慨激昂地歌唱。 ⑦［响］回声。 ⑧［遏(è)］阻止，禁止。 ⑨［谢］古语中此词兼有现代语中“致歉意”和“致敬意”两义。

【译文】

薛谭跟秦青学唱歌，还没有把秦青的技艺学完，就自以为都学到手了，便向老师告辞回家。秦青也没有阻拦他，在城外的大道旁边给他饯行。这时候秦青敲着拍板，慷慨激昂地高声唱起来，歌声振动了林间的树木，挡住了天上的行云。

薛谭便急忙向老师道歉，要求回去继续学习，从此以后，他终生再也没敢说回家的话。

【简析】

这则小故事记述了薛谭学习唱歌的经过，情节虽简洁，但也有波澜。薛谭“未穷青之技，自谓尽之”，其骄傲自满的形态毕露。然而作为老师的秦青却不加阻拦，让人不解。后文作者细致地刻画秦青的歌技，乃至薛谭“终身不敢言归”。结果出人意料。这样安排表现出秦青的教育思想，而且推动情节发展，增添了文章的故事性，达到了引人入胜的效果。

【思考题】

1. 薛谭为何“辞归”，又为何“求反”？

2. 本文讲了什么道理？

【参考答案】

I. 薛谭骄傲自满，认为自己已经学完了唱歌的技艺，所以要求回家。他被秦青高超的技艺所震撼，认识到自己的不足，所以要继续学习。 2. 学无止境，不要骄傲自满，要知错就改。

（葛　静）

朝三暮四

宋有狙公者，爱狙①；养之成群，能解狙之意；狙亦能得公之心②。损其家口③，充④狙之欲。俄而匮⑤焉，将限其食。恐众狙之不驯⑥于己也，先诳⑦之曰："与若芧⑧，朝三暮四，足乎？"众狙皆起怒。俄而曰："与若芧，朝四而暮三，足乎？"众狙皆伏⑨而喜。

（《列子·黄帝》）

【注释】

①[狙(jū)]猕猴。 ②[得公之心]了解他的心理。 ③[口]口粮。 ④[充]满足。 ⑤[匮(kuì)]不够。 ⑥[驯]顺从。 ⑦[诳(kuáng)]欺骗。 ⑧[芧(xù)]橡实。 ⑨[伏]降伏，驯顺，引申为服服贴贴。

【译文】

宋国有个叫狙公的人，喜欢猴子，养了一大群。他了解猴子的心理，猴子也懂得他的意思。狙公省下家中的口粮，满足猴子的要求。不久，粮食不够了，他想把猴子的食粮减少些。但又怕猴子们不听话，就先骗它们说："以后给你们吃橡实，早上三颗，晚上四颗，够吃了吗？"猴子们听了嫌少，都站起来，非常气愤。过了一会，主人又说："以后给你们橡实，早上四颗，晚上三颗，该够了吧？"猴子们听了，都俯首贴耳，表示满意。

【简析】

《朝三暮四》这则故事刻画了一个"能解狙之意"并能"损其家口，充狙之欲"的养猴人的形象。养猴人"朝三暮四"的做法，又深入地说明了此人对猴子心态的了解。文章通过写猴子的一怒一喜，将一群愚蠢的猴子展现在读者面前，不禁令人哑然失笑：猴子只看到橡食数量表面现象的变化，误以为后者比前者多，而没有看到问题的实质。

这则故事至今仍有它的现实意义：看问题不要只停留在表面，应看到问题的实质。

【思考题】

1. 选出下列句中加点词的含义不同的一项是(　　)

A. ①损其家口　②斟酌损益

B. ①俄而匮焉　②子子孙孙无穷匮也

C. ①与若芧　②更若役,复若赋

D. ①朝三而暮四　②朝而往,暮而归

2. 狙公爱狙表现在哪两个方面(用原文回答)?

3. 出自本文的成语是＿＿＿＿＿＿＿＿,现在这个成语一般用来比喻＿＿＿＿＿＿＿＿。

【参考答案】

1. C。　2.“养之成群,能解狙之意”;“损其家口,充狙之欲”。　3. 朝三暮四;反复无常。

(容昆　李敏)

歧路亡羊[1]

杨子[2]之邻人亡羊，即率其党[3]，又请杨子之竖[4]追之。杨子曰：“嘻[5]！亡[6]一羊，何追者之众？”邻人曰：“多歧路[7]。”既反[8]，问：“获羊乎？”曰：“亡之矣。”曰：“奚[9]亡之？”曰：“歧路之中又有歧焉，吾不知所之[10]，所以反也。”

杨子戚然[11]变容，不言者移时[12]，不笑者竟[13]日。

门人怪之，请[14]曰：“羊，贱畜，又非夫子之有，而损[15]言笑者，何哉？”

杨子不答。门人不获所命[16]。

（《列子·说符》）

【注释】

①《歧路亡羊》选自《列子·说符》，标题为后人所加，且已成为成语。《列子》分八篇，《说符》是第八篇。所谓“说符”，即“说”人的主观须与客观相“符”，怎么相符呢？列子说了好几点，其中一点，就是学习、研究的方向要专一，本篇即是用来说明这一观点的寓言。 ②[杨子]杨朱，战国初期哲学家，是一个学派的首领。 ③[党]亲族，朋友。 ④[竖]童仆。⑤[嘻]感叹词，表示惊讶的语气，可译作“咦”。 ⑥[亡]丢失。 ⑦[歧路]岔路。 ⑧[反]同“返”。 ⑨[奚]为什么。 ⑩[之]去，到。 ⑪[戚然]忧伤的样子。 ⑫[移时]经过相当长时间。 ⑬[竟]终，从头到尾。 ⑭[请]问。 ⑮[损]减少。 ⑯[所命]对下属、学生、晚辈的指示，在这里指门人想知道的答案。命，教令、教导。

【译文】

杨子的邻居丢失了一只羊，就带领自己的亲戚朋友去追，又请杨子的童仆帮着去追。杨子说：“咦！就丢了一只羊，为什么要去这么多人？”那人回答说：“因为途中的岔路太多了。”等人们回来了，杨子问道：“羊追回来了吗？”那人说：“丢了。”杨子说：“怎么会丢了呢？”那人答道：“岔路上还有岔路，我们不知道它跑到哪条道上去，只好回来了。”

杨子听了，变得心事重重，很长时间没有说话，一整天没有笑容。

杨子的学生对此感到奇怪，问道：“羊是一种不值钱的畜牲，又不是老师您的，你为此不高兴，是何原因呢？”

杨子没有回答。学生们没有得到他们想知道的答案。

【简析】

本文是一则寓言，寓就是“寄托”的意思。寓言作为一种文学体裁，就是寄托着某种事理，具有劝喻或讽刺意义的小故事。本文篇幅不长而寓意深刻，作者借这个故事，含蓄地讽刺了那些做事情、研究学问目标不专一的人，告诫人们：如此这样，只能一无所获。文中对话虽然简短，但惑而不醒的邻人、忧伤的杨子的形象跃然纸上，让人深思，给人启发。

【思考题】

1. 指出句中“之”的用法。

①杨子之邻人亡羊。

②奚亡之？

③吾不知所之。

2. 谈谈你读本文后的感想。

【参考答案】

1. ①的；②代词，羊；③去，动词。 2. 做事情要方向专一，否则会一事无成。

（唐宜芝）

两小儿辩日[1]

孔子[2]东游,见两小儿辩斗[3]。问其故。

一儿曰:“我以[4]日始出时去[5]人近,而日中[6]时远也。”

一儿以日初远,而日中时近也。

一儿曰:“日初出大如车盖,及[7]日中则如盘盂,此不为远者小而近者大乎?”

一儿曰:“日初出沧沧凉凉[8],及其日中如探汤[9],此不为近者热而远者凉乎?”

孔子不能决[10]也。两小儿笑曰:“孰为汝多知乎[11]!”

(《列子·汤问》)

【注释】

①选自《列子·汤问》。辩,辩论,争辩。列子,相传名叫列御寇,战国时郑人。《列子》一书,现仅存其中的八篇,由东晋张湛辑注。 ②孔子(公元前551年—前479年)名丘,字仲尼,春秋时鲁国陬(zōu)邑(今山东曲阜东南)人,著名的思想家、教育家。 ③[辩斗]辩论,争论。 ④[以]认为。 ⑤[去]距离。 ⑥[日中]正午。 ⑦[及]到。 ⑧[沧沧凉凉]形容清凉的感觉。沧沧,寒冷的意思。 ⑨[探汤]把手伸向热水里。汤,热水。 ⑩[决]判断。 ⑪[孰为汝多知(zhì)乎]谁说你多智慧呢!孰,谁。为,以为、认为。汝,你。知,智、聪明、智慧。

【译文】

孔子到东方去游历,看到两个小孩在争论,孔子问他们争论的原因。

一个小孩说:“我认为太阳刚出来时离人近,正午时离人远。”

另一个小孩认为太阳刚出来时离人远,而正午时离人近。

一个小孩说:“太阳刚出来像个大圆车篷,到正午时像个盘子或碗口那样小,这不是远的小而近的大吗?”

另一个小孩说:“太阳刚出来时,(给人的感觉是)清清凉凉的,到了中午,就像把手伸到了热水里，这不正是因为离人近的就觉得热，离人远的就觉得凉吗？”

孔子听了以后不能判断谁是谁非。两个小孩笑着说：“谁说你知识丰富呢！”

【简析】

本文记叙两个儿童辩论对太阳远近的认识问题。二人各抒己见，争执不下，连学识渊博的孔子也难以判断，从而说明宇宙无限，知识无穷，学无止境，也反映了古人为认识自然，探求客观事理，敢于独立思考、大胆质疑的精神。

全文分三层。第一层写故事发生的时间、地点、人物以及两小儿的两种截然不同的看法。第二层写两小儿申述所持看法的根据以及反驳对方论点。第三层应注意：不要把孔子不能判决，受到讥笑作为重点，应注意孔子“知之为知之，不知为不知”的求实精神。

【思考题】

1. 分别找出两小儿各自所持的观点和理由（用原文中的句子）。

2. 翻译句子。

①我以日始出时去人近。

②孰为汝多知乎！

3. 本文讲述了什么问题，对你有什么启发？

【参考答案】

1. 一小儿的观点：我以日始出时去人近，而日中时远也。理由：日初出大如车盖，及日中如盘盂，此不为远者小而近者大乎？

另一小儿的观点：一儿以日初远，而日中时近也。理由：日初出沧沧凉凉，及其中日如探汤，此不为近者热而远者凉乎？

2. ①我认为太阳刚出来时离人近。②谁说你的知识丰富呢！

3. 本文记叙两个儿童辩论对太阳远近的认识问题。二人各抒己见，争执不下，连学识渊博的孔子也难判断。说明宇宙无限，知识无穷，学无止境。启发我们在探索未知领域时，要敢于独立思考，大胆质疑。

（王学锋）

对楚王问

客有歌于郢[1]中者，其始曰“下里巴人[2]”，国中[3]属[4]而和[5]者数千人；其为“阳阿”“薤露”[6]，国中属而和者数百人；其为“阳春白雪”[7]，国中属而和者不过数十人；引商刻羽[8]，杂以流徵，国中属而和者不过数人而已。是其曲弥[9]高，其和弥寡。

（宋玉《对楚王问》）

【注释】

①[郢(yǐng)]春秋战国时楚国的都城。 ②[下里巴人]楚国当时流行的民间歌曲。 ③[国中]都城里面。 ④[属(zhǔ)]连，连续。 ⑤[和(hè)]“属和”，就是跟着别人唱。 ⑥[“阳阿”“薤(xiè)露”]都是楚国当时的歌曲，不如“下里巴人”流行。“薤露”是汉代用做送葬的挽歌。 ⑦[“阳春白雪”]是楚国当时较高级的歌曲。 ⑧[引商刻羽]宫、商、角、徵(zhǐ)、羽是我国古代五音的名称，是按音高低分的。“引”是延长，“刻”是削减，商音高，羽音细，“引商刻羽”指变换音调，使乐曲悠扬动听。 ⑨[弥]更加。

【译文】

有客人在楚国郢都唱歌，起初他唱“下里巴人”，国都中跟着他唱的有好几千人；他又唱“阳阿”“薤露”，跟着唱的有几百人；等他唱“阳春白雪”时，跟着唱的就不过几十人了；等他唱起高亢婉转、音调多变的乐曲时，跟着唱的不过几个人而已。他的曲调越高级，跟他一起唱的人就越少。

【简析】

宋玉，战国楚辞作家，相传是屈原的弟子。《隋书·经籍志》著有《宋玉集》三卷，已失传。其流传作品，《九辩》最为可信，其他见于《文选》的《风赋》《高唐赋》《登徒子好色赋》诸篇，也有人疑为宋玉作品。

据说，当时宋玉曾在楚襄王手下做事，有人说了宋玉很多坏话，楚王向宋玉问起此事，本文就是宋玉回答楚王的话。宋玉没有直接回答楚王的问题，而是用了“曲高和寡”这个比喻来说理，深入浅出，逻辑严密，令人折服。

【思考题】

1. 本文可用哪个成语来概括？用自己的话说说这个成语的意思。

2. 这个故事还可用来比喻什么道理？

3. 翻译句子。

其始曰“下里巴人”，国中属而和者数千人。

【参考答案】

1. 曲高和寡。曲调越高雅，跟着唱的人就越少。本文说品质高洁的人容易受到别人的误解。 2. 比喻知音难得。比喻说话、写文章不通俗，能理解的人很少。（理解正确即可。） 3. 起初他唱“下里巴人”，国都中跟着他唱的有好几千人。

（刘以东）

不死之药

有献不死之药于荆王①者②，谒者③操④以入。中射之士⑤问曰："可食乎？"曰："可"。因夺而食之。王怒，使⑥人杀中射之士。中射之士使人说⑦王曰："臣问谒者，谒者曰：'可食'，臣故食之。是⑧臣无罪，而罪在谒者也。且客献不死之药，臣食之而王杀臣，是死药也。王杀无罪之臣，而明⑨人之⑩欺王。"王乃不杀。

（《战国策·楚策》）

【注释】

①[荆王]顷襄王。荆，周代诸侯国，楚国的别称，战国时为七雄之一。 ②[有……者]有个……的人。 ③[谒(yè)者]宫中传达官。 ④[操]拿着。 ⑤[中射之士]官名。善射之人，在宫中负责保卫的弓箭手。 ⑥[使]命令，派遣。 ⑦[说(shuì)]劝说，说服。 ⑧[是]指示代词，"这"。 ⑨[明]说明，表明。 ⑩[之]放在主语和谓语之间，取消句子独立性。

【译文】

有一个人向荆王（顷襄王）献不死之药，传达官拿着（药）进了宫。中射之士问（他）说："能吃吗？"（他）说："能。"（中射之士）于是就抢过来吃了。荆王（知道后）非常生气，派人去杀中射之士。中射之士托人劝荆王说："我问传达官，传达官说：'能吃'，我所以才吃了它。这（说明）我没有罪，而罪过在传达官。再说，客人献的（是）不死之药，我吃了药，而大王杀了我，这就成了死药了。大王杀无罪的臣子，而表明别人欺骗了大王（不如释放我）。"荆王于是就没有杀（他）。

【简析】

《战国策》是一部记载战国时代纵横家言论和行动的史书，按国别记事，以记言为主，共33篇。

这篇寓言通过能言善辩的中射之士的嘴巴，巧妙地揭穿了“不死之药”的骗局，辛辣地讥讽了可笑而又可悲的楚王，对于献药的骗子也是一个有力的鞭挞。

《不死之药》作为《战国策·楚策》中的一篇，体现了这部书鲜明的文学特色。

首先，它善于选取典型的人物、事件，用绚丽的词藻作精细的描绘。在人物刻画上，笔调轻灵，手法多样，刻镂细腻。本文鲜明地刻画出一个有胆识、有谋略的中射之士。当他见到有人向荆王献不死之药时，竟冒杀身之祸“夺而食之”，目的在于揭穿“不死之药”是个骗局。荆王要派人杀他时，他又巧妙地利用“不死之药”而免于灾祸。因为荆王如果杀了他，“不死之药”就变成了“死药”，这无异于荆王搬起石头砸了自己的脚。文章通过对中射之士行为、语言的刻画，突出地表现了中射之士的谋略与胆识。

其次，作者常采用人物对话或独白的手法，使人物性格更加鲜明生动。本文就是用中射之士对荆王迂回曲折的独白，成功地塑造了一个有胆有识的中射之士的形象。

【思考题】

1. 中射之士明知“不死之药”是献给荆王的，为何还“夺而食之”？

2. 中射之士是如何揭穿这个骗局的，楚王的表现说明了他是一个怎样的君王？

3. 翻译句子。

①谒者操以入。

②臣食之而王杀臣是死药也。

【参考答案】

1. 他的目的在于揭穿献“不死之药”是个骗局。　2. 中射之士知道自己吃了“不死之药”后，荆王必定会杀他，“不死之药”也就不灵了，因此揭穿其骗局。楚王是个既可笑又可悲的人。　3. (见译文)。

(周　茜)

米珠薪桂

苏秦①之②楚，三日乃得见乎③王。谈卒④，辞而行。楚王曰："寡人⑤闻先生，若闻古人。今先生乃不远千里而临⑥寡人，曾⑦不肯留，愿闻其说。"对曰："楚国之⑧食贵于⑨玉，薪贵于桂；谒者⑩难得见如鬼，王难得见如天帝。今令臣食玉炊桂，因⑪鬼见帝。"王曰："先生就⑫舍⑬，寡人闻命矣。"

（《战国策·楚策》）

【注释】

①[苏秦]字季子，战国时著名策士。　②[之]动词，去，往。　③[乎]副词，于（到）。　④[卒]完毕。　⑤[寡人]谦词，古代王侯自称。　⑥[临]到。　⑦[曾]竟然。　⑧[之]助词，的。　⑨[于]比，与下句中的"于"相同。　⑩[谒（yè）者]古代掌管进见的人（国君的近臣，负责传达）。　⑪[因]依靠。　⑫[就]往……去，到。　⑬[舍]宾馆。

【译文】

苏秦到了楚国后，等了好多天才见到楚王。他谈完了就向楚王辞行。楚王说："我听到先生的大名，就好像听到古代著名人物的大名一样（非常仰慕你）。现在您不远千里来到我这里，竟然不肯久留，我希望听听您要走的缘故。"苏秦回答说："楚国的粮食比珠玉还贵重，柴禾比桂木还贵重（物价高，供应差）；您的负责传达的近臣像鬼一样不容易见着，楚王您像天帝一般高高在上见不着。现在让我呆在这里，可吃的是'珠玉'，烧的是'桂木'，要打通'鬼'才能见到天帝。"楚王说："先生请到宾馆休息吧，我已经受到教育了。"

【简析】

苏秦为"合纵"（诸侯国联合对抗秦国）来到楚国，游说楚王，却受到了慢待——多日见不到楚王。好不容易见到楚王，而楚王"外热内冷"。苏秦"辞行"前，说出了楚国物价高、供应差、国力弱的现状以及官僚之风严重的现实。他的一番话使楚王受到了教育。通过对话，可以看出苏秦作为策士能言善辩的本领。对话描写和比喻论证是本文突出的特点,“米珠薪桂”或“食玉炊桂”比喻物价昂贵。“粒贵于隋珠”(徐陵文),“北船不到米如珠”(苏轼诗),意思都指物价昂贵。

【思考题】

1.“米珠薪桂”或“食玉炊桂”这个成语比喻什么,成语揭示了楚国什么现状?

2. 你如何评价苏秦和楚王这两个人物?

3. 翻译下面的句子。

①寡人闻先生,若闻古人。

②食玉炊桂,因鬼见帝。

【参考答案】

1. 比喻物价昂贵。成语揭示了楚国物价高,供应差,国力弱的现状。 2. 苏秦:政治眼光敏锐,能言善辩。楚王:虽然傲慢,但善于采纳正确的意见。3.(见译文)。

(吕朝军)

三人市虎

庞恭[①]与太子质[②]于邯郸[③]，谓魏王曰："今一人言市有虎，王信之乎?"王曰："不信。""二人言市有虎，王信之乎?"王曰："寡人[④]疑之矣。""三人言市有虎，王信之乎?"王曰："寡人信之。"庞恭曰："夫[⑤]市之无虎也明矣，然而三人言而成虎。今邯郸之去魏也远于市，而议臣者过于三人，愿王察之。"庞恭从邯郸反，竟[⑥]不见。

（《战国策·魏策》）

【注释】

①［庞恭］人名。 ②［质］做人质。 ③［邯郸］即今河北省邯郸市，战国时赵国的都城。 ④［寡人］我国古代君主的自称。 ⑤［夫］发语词，预示后面将议论。 ⑥［竟］到最后，一直到最后。

【译文】

庞恭和魏国的太子到赵国的都城邯郸去做人质，对魏王说："如果有一个人说市上有老虎，大王相信这话吗?"魏王说："不相信。""两个人说市上有老虎，大王相信吗?"魏王说："我疑惑了。""三个人说市上有老虎，大王相信它吗?"魏王说："我相信。"庞恭说："市上没有老虎是很清楚的，可是三个人说市上有老虎，就变成有老虎了。现在邯郸距离魏国比市远，在背后说我坏话的不止三个人，请大王不要轻信，要仔细审察这种情况。"庞恭从邯郸回来，终于得不到魏王的接见。

【简析】

《战国策》是西汉末年刘向根据战国史实的记录编辑的，是战国时代各国史实的一部资料书，共33篇。常常用比喻的形式来说明抽象的道理。

本文是一则寓言故事，情节简单。通过庞恭用一人、二人、三人言市有虎询问魏王，魏王由不信到信之，说明一件事情本来是假的，可说的人多了，人们也就相信了，可见人言可畏。庞恭用“人言市有虎”来询问魏王，一是探听一下魏王对此事的态度，另一方面也是委婉地劝告魏王自己走后，有人进谗言时，不要偏听偏信，要多了解，多观察，要相信事实。但是，结果不出所料，魏王听信谗言，不再相信庞恭。

本文语言十分精炼。人物性格比较鲜明。如魏王是个平庸轻信的国君，通过他的回答就可以看出来。这则寓言故事告诉人们，对人对事不能以为多数人说的就可以轻信，而要多方进行考察，并以事实为依据加以研究。后来“三人市虎”便成了一个成语，常用来比喻流言惑众，容易弄假成真。

【思考题】

1. 有一个成语出自这则故事，是什么，这则故事说明了什么道理？

2. 翻译句子。

①三人言而成虎。

②今邯郸之去魏也远于市。

【参考答案】

1. 三人市虎。说明了对人对事不能太轻信别人的话，要进行多方考察，并以事实为依据加以研究。 2.（见译文）。

（侯　敏）

南辕北辙

魏王欲攻邯郸[1]。季梁[2]闻之，中道而反，衣焦[3]不申[4]，头尘不去，往见王曰："今者臣来，见人于大行[5]，方北面[6]而持其驾[7]，告臣曰：'我欲之[8]楚。'"

"臣曰：'君之楚，将奚为[9]北面？'"

"曰：'吾马良。'"

"臣曰：'马虽良，此非楚之路也。'"

"曰：'吾用[10]多。'"

"臣曰：'用虽多，此非楚之路也。'"

"曰：'吾御[11]者善。'"

"此数者[12]愈善，而离楚愈远耳。今王动[13]欲成霸王[14]，举欲信于天下，恃王国之大，兵之精锐，而攻邯郸以广地尊名[15]；王之动愈数[16]，而离王[17]愈远耳，犹至楚而北行也。"

（《战国策·魏策》）

【注释】

①［邯郸（hán dān）］地名。战国时赵国的国都。即今河北邯郸市。 ②［季梁］魏国臣子。 ③［衣焦］衣服上的皱褶。 ④［申］同"伸"，舒展。 ⑤［大行（háng）］大路，大道。 ⑥［北面］面向北方。 ⑦［驾］把车套在马身上。此处指套在马上的车子。 ⑧［之］往，去，到。 ⑨［奚为］为何，为什么。 ⑩［用］资用，即路费。 ⑪［御］驾驶车马。 ⑫［数者］几个方面。 ⑬［动］举动。 ⑭［霸王］于此指"霸业"。 ⑮［广地尊名］扩大领地，抬高名望。 ⑯［数（shuò）］屡次，多次。 ⑰［王（wàng）］动词，指建立王业，"统一天下称王"的意思。

【译文】

魏王想要攻打邯郸。季梁听说这件事情，（顾不得出使任务）从半路返回，衣服皱褶也来不及弄平，满头尘土也来不及洗掉，急忙去见国王，说：

"这次我从外面回来，在大路上碰见一个人，正驾着他的车马向北（走），他告诉我说:‘我要去楚国。’”

“我说:‘您去楚国,为什么向北走呢?’”

“他说:‘我的马好。’”

“我说:‘马虽然好,这不是去楚国的道路啊。’”

“他说:‘我的路费充足。’”

“我说:‘路费虽然多,这不是去楚国的道路啊。’”

“他说:‘我的驾车的人本领高。’”

“(他不知道错了方向,)这几个条件越好,那就距离楚国越远了啊。现在大王您动不动就想成霸业,就想取得天下人的信任,依仗着您国家大,军队精锐,而用攻打邯郸来扩展领地抬高声望;(殊不知)您的活动越多,距离统一天下为王的可能就越远,正像去楚国而向北走一样啊。”

【简析】

《战国策》又称《国策》,全书 33 篇,按国编排,分为东周、西周、秦、齐、楚、赵、魏、韩、燕、宋、卫、中山十二国策,记录春秋以后到秦并六国 240 年左右的史事,反映了这一时期错综复杂的矛盾和斗争,而以谋臣策士的游说活动为中心,充分肯定他们的胆识和才干。

《南辕北辙》是一则寓言故事。篇幅不长,但寓意深刻。文中季梁用故事设喻启发魏王,叙事较为完整、集中,情节曲折,人物形象也较为丰满。后来人们以“南辕北辙”比喻行动和目的不相符,或背道而驰。

【思考题】

1. 值得驾车的人自豪的条件是什么?

2. 为什么说“此数者愈善,而离楚愈远耳”,你怎样理解的?

3. 生活中你做过或发现过“南辕北辙”的事情吗?

4. 翻译句子。

①衣焦不申,头尘不去。

②方北面而持其驾。

③恃王国之大,兵之精锐,而攻邯郸以广地尊名。

【参考答案】

1.“吾马良”“吾用多”“吾御者善”。 2. 因为“此非楚之路也”。 3.(结合自己的实际谈即可)。 4.(见译文)。

(孙延杰)

千金市骨

古之君人[1]有以千金求千里马者，三年不能得。涓人[2]言于君曰："请求之。"

君遣[3]之三月，得千里马，马已死。买其首五百金，反[4]以报[5]君。君大怒曰："所求者生马，安事[6]死马，而捐[7]五百金？"

涓人对曰："死马且买之五百金，况生马乎？天下必以[8]王为能市[9]马，马今至矣。"

于是不能[10]期年[11]，千里之马至者三[12]。

（《战国策·燕策》）

【注释】

①[君人]君主。 ②[涓(juān)人]宫廷里侍从人员，太监。 ③[遣]派。 ④[反]同"返"。 ⑤[报]报告。 ⑥[安事]何用。 ⑦[捐]丢掉，白白扔掉。 ⑧[以]认为。 ⑨[市]买。 ⑩[不能]不到，不满。 ⑪[期(jī)年]十二个月叫"期年"，即一整年。 ⑫[三]好几匹。言其多，不是确指。

【译文】

古代有一位国君，用千金重价来求得千里马，三年过去了，还是没能找到。宫中有个太监对他说："请让我去找吧。"

国君派他找了三个月，果然找到了千里马，（可惜）那匹马已经死了。他就用五百金买了那匹马的头骨，回来交给国君。国君非常生气，说："我要的是活马，死马有什么用，白白扔掉了五百金！"

这个太监回答道："死了的千里马尚且花五百金买来，何况活马呢？天下的人一定都认为大王能够出重金买千里马，现在千里马很快就要到了。"

从那时起不满一年，（果然）得到了好几匹千里马。

【简析】

《千金市骨》这个故事反映的是：燕国因为发生内乱，被齐国打得大败。昭王继位后，想招贤纳士，重振旗鼓，雪耻报仇，所以就求助于郭隗。郭隗用这则故事启发昭王要重视人才，破格选拔人才，这样大批有才能的人会不招而至。后来用“千金市骨”这个成语比喻对贤才的渴望。

【思考题】

1. 翻译句子。

①天下必以王为能市马，马今至矣。

②于是不能期年，千里之马至者三。

2. 请用简练的语言概述这则成语的含义。

3. “君人”与“涓人”各有什么特点？

【参考答案】

1. (见译文)。 2. 这个成语比喻对贤才的渴望。 3. 君人：渴求贤才，不惜重金；涓人：求人有方，机智聪明。

(孙延杰)

画蛇添足

楚有祠[①]者,赐其舍人卮酒[②]。舍人相谓[③]曰:"数人饮之不足,一人饮之有余。请画地为蛇,先成者饮酒。"一人蛇先成,引[④]酒且饮之。乃左手持卮,右手画蛇,曰:"吾能为之足。"未成,一人之蛇成,夺其卮,曰:"蛇固[⑤]无足,子安[⑥]能为之足?"遂[⑦]饮其酒。为蛇足者,终亡[⑧]其酒。

(《战国策·齐策》)

【注释】

①[楚]楚国。祠(cí):祭祀。 ②[舍(shè)人]门下客人。卮(zhī):古代盛酒的器皿,酒杯。 ③[相谓]互相商量。 ④[引]取,拿起。 ⑤[固]本来。 ⑥[安]怎么。 ⑦[遂]就,终于,竟。 ⑧[亡]失掉。

【译文】

楚国有个人祭祀以后,赐给他的门客们一大杯酒。门客互相商量说:"这杯酒几个人来喝不够,一个人来喝又有点多。让我们事先规定好在地上画蛇,先画成的喝酒。"(于是大家一同开始画蛇。)其中一个人先把蛇画成了,拿起酒将要喝,于是他左手端着酒杯,右手在地上比画着蛇,说:"我能给它画上脚。"他还没有画成,另一个人的蛇也画成了,夺过他的酒杯说:"蛇本来就没有脚,你怎么能给它添上脚呢?"(说完)就喝了这杯酒。那个给蛇画脚的人,终于没有喝到这杯酒。

【简析】

这个故事告诉人们不可贪多,应该适可而止。在已经完成的工作上做多余的加工,反而造成失败,这就叫"画蛇添足"。此故事讽刺那些做事脱离实际、自作聪明、弄巧成拙的人。

【思考题】

1. 出自本文的成语是____________，其含义是________________________。

2. 翻译句子。

蛇固无足，子安能为之足？

3. 这则寓言故事讽刺了____。

【参考答案】

1. 画蛇添足；比喻做多余的事，反而不恰当。 2. 蛇本来没有脚，你怎么能给它添上脚呢？ 3. 那些做事脱离实际，自作聪明，弄巧成拙的人。

（李芙蓉）

狐假虎威

荆宣王[1]问群臣曰:"吾闻北方[2]之畏昭奚恤[3],果诚[4]何如?"群臣莫对[5]。

江一[6]对曰:"虎求百兽[7]而食之,得狐。狐曰:'子[8]无敢[9]食我也!天帝使[10]我长[11]百兽,今子食我,是[12]逆[13]天帝之命也。子以[14]我为不信[15],吾为子先行[16],子随我后,观百兽之见我而敢不走[17]乎?'虎以为然[18]。故[19]遂[20]与之行[21];兽见之皆[22]走。虎不知兽畏己而走也,以为畏狐也。今王之地方[23]五千里,带[24]甲[25]百万而专属[26]之昭奚恤。故北方之畏奚恤也,其实畏王之甲兵也,犹[27]百兽之畏虎也。"

(《战国策·楚策》)

【注释】

①[荆宣王]楚宣王。 ②[北方]指中原地区的诸侯国。 ③[昭奚恤]楚国将军。 ④[果诚]果真。 ⑤[对]回答。 ⑥[江一]楚国大臣。 ⑦[百兽]各种野兽。百,形容多,不是实数。 ⑧[子]您,对对方的尊称。 ⑨[无敢]不敢。 ⑩[使]派。 ⑪[长]为…之长,这里指做首领。 ⑫[是]这,指"子食我"这件事。 ⑬[逆]违背。 ⑭[以]认为,以为。 ⑮[信]诚实,可信。 ⑯[先行]在前面引路。 ⑰[走]跑,逃跑。 ⑱[然]是的,对的。 ⑲[故]因此。 ⑳[遂]于是,就。 ㉑[行]走。 ㉒[皆]全,都。 ㉓[方]方圆。 ㉔[带]率领,拥有。 ㉕[甲]古代军人穿的皮做的护身衣服。这里指披甲的士兵。 ㉖[属]隶属,归属。这里指掌管。 ㉗[犹]正像。

【译文】

荆宣王问群臣说:"我听说中原地区的诸侯都惧怕楚国的昭奚恤,果真是这样吗?"群臣没有能回答上来的。

江一回答说:"老虎寻找各种野兽当食物,一天,捉住一只狐狸。狐狸说:'你不敢吃我啊!天帝派我来当百兽的首领,现在你要吃我,便是违背天帝的命令啊。如果你认为我的话不可信,那么,请你让我在前面给你引路,你跟在我后面,看野兽们见了我敢不逃走吗?'老虎认为狐狸说得对,因此就跟着它一道走;

野兽见了它们都逃跑了。老虎不知道野兽是害怕它自己而逃走了,还以为是害怕狐狸呢。现在大王您的地盘方圆五千里,拥兵百万,全部由昭奚恤掌管。所以中原地区的诸侯惧怕楚国的昭奚恤,其实是畏惧大王您强大的武力啊,这正如百兽害怕老虎一样。"

【简析】

江一通过讲述狐狸借老虎的威风来吓唬百兽的故事,告诉荆宣王中原地区的诸侯国所畏惧的不是昭奚恤,他们真正惧怕的是大王的强大武力。这就是"狐假虎威"这一成语的来源。后来人们用这一成语比喻有的人依仗某种势力来欺压人,也就是仗势欺人。其中"假"是"借、凭借"的意思,同时,本文也塑造了一个有胆有识的楚大臣的形象。

【思考题】

1. 下面句中加点的词意思相同的一项是(　　)

A {其实畏王之甲兵也
　 叶徒相似,其实味相同

B {今子食我
　 谨食之,时而献焉

C {故北方之畏奚恤也
　 公问其故

D {今王之地方五千里
　 方七百里,高万仞

2. 翻译下面的句子。

①今子食我,是逆天帝之命也。

②子以我为不信,吾为子先行。

③观百兽之见我而敢不走乎?

3. 这则故事可概括成一个什么成语,它告诉我们一个什么道理?

【参考答案】

1. D。　2. ①现在您要吃我,这是在违背天帝的命令啊!②你要认为我的话不可信,那么就让我在前面给您引路。③看看百兽见到我敢不逃跑吗?　3. 狐假虎威。一些存心不良的人往往依仗某种威慑力量,来欺骗人,摆威风,压迫人,以达到个人不可告人的目的。我们要善于识别真假,以免上当受骗。

(邢峭俏)

鹬蚌相争

赵且[①]伐[②]燕。苏代[③]为燕谓[④]惠王[⑤]曰:“今者臣来过易水[⑥],蚌[⑦]方出曝[⑧]而鹬[⑨]啄其[⑩]肉,蚌合而拑[⑪]其[⑫]喙[⑬]。鹬曰:‘今日不雨[⑭],明日不雨,即有死蚌。’蚌亦[⑮]谓鹬曰:‘今日不出,明日不出,即有死鹬。’两者不肯相舍,渔者得而并禽[⑯]之[⑰]。今赵且伐燕,燕赵久相支,以弊[⑱]大众,臣恐强秦之[⑲]为渔父也。故愿王之熟计之[⑳]也!”惠王曰:“善。”乃[㉑]止。

(《战国策·燕策》)

【注释】

①[且]将。 ②[伐]攻打。 ③[苏代]苏秦的弟弟,洛阳人,战国时代的辩士。 ④[谓]对……说。 ⑤[惠王]赵惠文王,名何。 ⑥[易水]河流名。 ⑦[蚌(bàng)]蛤蜊。 ⑧[曝(pù)]晒太阳。 ⑨[鹬(yù)]水鸟名,头圆大,嘴长,长腿,常在水边或田野捕吃小鱼、小虫和贝类。 ⑩[其]指蚌。 ⑪[拑(qián)]夹住。 ⑫[其]指鹬。 ⑬[喙(huì)]鸟嘴。 ⑭[雨]名词用做动词,下雨。 ⑮(亦)也。 ⑯[禽]同“擒”。 ⑰[之]指蚌和鹬。 ⑱[弊]同“蔽”。 ⑲[之]结构助词,取消句子的独立性。 ⑳[之]代词,代“赵且伐燕”这件事。 ㉑[乃]才。

【译文】

赵国将要攻打燕国。苏代替燕国对赵惠文王说:“刚才我来的时候路过易水,一个蛤蜊正张开贝壳晒太阳,一只鹬鸟啄食它的肉,蛤蜊急忙并起两壳夹住鹬鸟的嘴。鹬鸟说:‘今天不下雨,明天不下雨,就会有个死蛤蜊。’蛤蜊也对鹬鸟说:‘你的嘴今天出不去,明天出不去,就会有个死鹬。’双方谁也不肯相让,结果渔人把它们一起捉去了。现在赵国要去攻打燕国,燕赵长久地相持不下,而蒙蔽大家的眼睛,我深怕强大的秦国就会成为渔夫了。所以希望大王您能够仔细地考虑考虑这件事啊!”赵惠文王说:“好。”于是(赵国)停止了(伐燕)。

【简析】

欣赏这篇文章,重在领悟本文所揭示的道理和学习苏代说理的方法。

文章一开始用一句话交待了故事的背景:“赵且伐燕”。接着以苏代劝谏赵惠文王为主体,这是作者最费笔墨的地方,因为文章的主旨正是有赖于苏代的劝谏而得以突出的。苏代为了阻止赵惠王攻打燕国,拿动物界中的鹬蚌相争来打比方,鹬和蚌没有看到自身的劣势,只是一味抓住对方弱点。结果渔翁不劳而获,从中得利。联系现在,如果赵国要去攻打燕国,燕赵长久地相持不下,而蒙蔽大家的眼睛,强大的秦国就有可能乘虚而入。从中可以看出,苏代巧妙地利用鹬蚌相争的故事,通过拟人化的方法,把动物的生理特征和某些人的社会意识有机结合起来,含蓄地体现了他的政见,自然贴切而又意味深长,无论思想水平和艺术技巧都达到了相当成熟的地步,以致于赵惠王心悦诚服地接受了苏代的劝谏,不再攻打燕国。

动物界中,飞禽、走兽、虫鱼之间争斗得难分难解,最后两败俱伤而为第三者所乘的现象确实常常发生。鹬蚌相争的故事不仅在古代有借鉴教育意义,对于现在的人们来说,鹬蚌相争的故事同样也有一定的指导意义。从小处着眼,局部的利益要服从全局的利益,小道理要服从大道理,如果像“鹬蚌相争”的话,只会使“渔翁得利”;就大的方面而言,大敌当前,内部斗争应该让位于敌我斗争,只有相互容让,一致对外,才能保存自己,克敌制胜。但愿我们每一个人在读了这篇短文之后,都能够从中吸取教训,以防类似错误再次发生。

【思考题】

1. 源于本文的一个成语是什么?

2. 本文说理方法有什么特点?

3. 本文中“鹬蚌相争,渔翁得利”的故事说明了什么?

【参考答案】

1.“鹬蚌相争,渔翁得利”。 2. 本文说理是通过拟人化的手法和比喻论证来实现的。 3.“鹬蚌相争,渔翁得利”,常用来比喻双方相持不下,第三方因而得利。

(王爱兰)

赵威后问齐使

齐王使[1]使者问赵威后,书[2]未发[3],威后问使者曰:"岁[4]亦无恙[5]耶?民亦无恙耶?王亦无恙耶?"使者不说[6],曰:"臣奉使使威后,今不问王而先问岁与民,岂[7]先贱而后尊贵者乎?"威后曰:"不然。苟[8]无岁,何以有民?苟无民,何以有君?故有问,舍本而问末者耶?"

(《战国策·齐策》)

【注释】

①[使]派遣。 ②[书]信函。这里特指使者所带的国书。 ③[发]拆开,打开。 ④[岁]一年的收成,年成。 ⑤[无恙]古代常用问候语,意为"没有问题""没有毛病",也就是"好"。 ⑥[说(yuè)]通"悦",高兴。 ⑦[岂]副词,表反问,哪里。 ⑧[苟]倘使,假如。

【译文】

齐王派遣使臣问候赵威后,(参见后)国书还没有打开,威后就问使者说:"贵国今年年成也还好吗?老百姓也还好吗?齐王也还身体健康吗?"使臣听后不高兴了,说:"我奉齐王的派遣出使到您这里,现在您不问候齐王却先问年成和老百姓,哪里有先问候低贱的后问候尊贵的人的道理呢?"威后说:"你说的不对。假如没有了好年成,哪里有老百姓(的安居乐业)?假如没有了老百姓,国君还能存在吗?所以,如果有问题要问,能不从根本上着眼却先讨论枝节末梢吗?"

【简析】

《赵威后问齐使》记叙了赵威后接见齐国使者时两人的对话情景,表现了赵威后的民本主义思想和她富有政治远见的性格特点。赵威后的主张与孟子的"民为贵,君为轻"的思想是完全一致的。这种思想有利于缓和封建统治者与人民大众之间的矛盾,客观上对人民有利,因而是有进步意义的。

文章行文简洁,生动地描述了两人的对话,使赵威后的形象栩栩如生,跃然纸上。她的前三问是对齐国的问候。后三问是用反问句回答了齐使疑惑，揭示了与前三问之间的逻辑关系，具有不可辩驳的说服力。齐使的"不说"是文中的神态描写，这一描写与后文齐使对威后的质问显示了齐使的浅薄与无知，也从侧面衬托了赵威后的目光远大。

总之，本文短小精悍，言简意赅，尤其是它反映出的民本主义思想，至今仍有借鉴和教育意义。

【思考题】

1. 本文集中反映了赵威后怎样的政治主张？

2. 选出与本文中心思想最贴近的一句名言（　　）

A. 生于忧患，死于安乐。

B. 先天下之忧而忧，后天下之乐而乐。

C. 静以修身，俭以养德。

D. 得道多助，失道寡助。

3. 课文最后一句话中包含的成语是什么？

【参考答案】

1. 民本主义（或民为贵、君为轻，民贵君贱）的政治主张。　2. B。　3. 舍本逐末。

（杨志刚）

卞庄子[1]刺虎

卞庄子欲刺虎，馆竖子[2]止之，曰："两虎方且[3]食牛，食甘[4]必争，争则必斗，斗则大者伤，小者死。从伤而刺之，一举必有双虎之名。"卞庄子以为然，立须之[5]。有顷[6]，两虎果斗，大者伤，小者死。庄子从伤者而刺之，一举果有双虎之功。

（司马迁《史记·张仪列传》）

【注释】

①[卞庄子]人名，春秋时鲁国大夫，有勇力。 ②[馆竖子]指卞庄子门下的童仆。 ③[方且]正要。 ④[食甘]吃得有味道。 ⑤[立须之]须，等待。之，代词，这件事。 ⑥[有顷]表示时间的词语，过了一会。

【译文】

卞庄子要刺杀老虎，他门下的一个童仆劝止他，说："两只老虎正要吃一头牛，吃出味道之后一定会争起来，争起来就得厮斗，一斗就会大的受伤，小的被咬死。从受了伤的老虎下手刺杀，一下子就会得到杀双虎的名声。"卞庄子认为这话很对，就站着等待事件的发生。过了一会，两只虎果然斗起来，大的受了伤，小的死了。卞庄子就刺杀那只受伤的老虎，果然一下子得到杀死双虎的功效。

【简析】

春秋战国时期，韩国和魏国交战，秦国国君（秦惠王）问左右能否出兵获得利益，有的认为可以出兵，有的认为不可以出兵，秦惠王很犹豫。他又问陈轸（zhěn）这件事，这时陈轸对秦惠王讲了这个故事。秦惠王认为他讲得有道理，就耐心等待。韩魏的战争进行到最后，小国灭亡了，大国也损失惨重，这时秦国出兵一举灭掉了大国。"卞庄子刺虎"的故事告诉人们，在斗争中必须讲究策略，善于利用对方的矛盾，选取有利时机，才能收到事半功倍的效果。

【思考题】

1. 指出下列句子中“之”的用法。

A. 馆竖子止之

B. 从伤而刺之

C. 一举果有双虎之功

2. 请写出与这个故事相关的成语。

3. 与“卞庄子刺虎”含义相似的还有一则寓言，请写出。

【参考答案】

1. A. 代词，他，指卞庄子。B. 代词，它，指虎。C. 助词，的。 2.“坐山观虎斗”或“两虎相争必有一伤”。 3. 鹬蚌相争，渔翁得利。

（王念楼）

御者之妻

晏子为齐相。出，其御之妻①从门间而窥其夫②。其夫为相御，拥大盖③，策驷④马，意气扬扬，甚自得也。既而归，其妻请去⑤。夫问其故。妻曰："晏子长不满六尺，身相齐国，名显诸侯。今者妾⑥观其出，志念深矣，常有以自下者。今子长八尺，乃为人仆御，然子之意自以为足，妾是以⑦求去也。"其后夫自抑损⑧。晏子怪而问之，御以实对。晏子荐以为大夫。

（司马迁《史记·管晏列传》）

【注释】

①[其御之妻]他的车夫的妻子。 ②[窥其夫]偷看她的丈夫。 ③[拥大盖]抱着大车盖的立柱。拥，抱。盖，车篷，形如伞。 ④[驷]同驾一辆车的四匹马。 ⑤[去]离开。 ⑥[妾(qiè)]谦词，旧时女人自称。 ⑦[是以]以是，因此。 ⑧[抑损]克制骄傲情绪，态度谦虚。

【译文】

晏子担任了齐国的宰相。有一次外出，他的车夫的妻子从门缝里偷偷地看她的丈夫。她的丈夫为宰相驾着车子，(一只手)搂着大车盖(的立柱)，扬鞭抽打着骏马，精神振奋，洋洋得意。车夫出完车回到家里，他妻子要求离开。丈夫问是什么原因，妻子说："晏子身长不满六尺，身为齐国的宰相，声誉显耀于各诸侯国，这一回我看见他外出，志向远大，神态恭谨，常把自己置于别人之下。如今你身长八尺，不过给人家当个驾车的仆役，可是你觉得了不起了。我就因为这个而要求离开的。"从此之后，她丈夫克制自己，虚心处世。晏子对他的变化感到奇怪，就问他原委，他按实际情况做了回答。晏子就推荐他当了大夫。

【简析】

《史记》是纪传体历史文学巨著，记载了上起传说中的黄帝，下迄汉武帝太初四年共约3000年的历史。分本纪、世家、列传、书、表等五种体裁，共130篇，50余万字。鲁迅曾赞誉《史记》为"史家之绝唱，无韵之《离骚》"。

《御者之妻》通过人物语言刻画了一个才识过人的古代劳动妇女形象。文章告诉人们一个人志向越大,心胸就越宽广,态度就越谦逊的道理。只有胸无大志、鼠目寸光的人,才容易自满自足。所以人应有大志,常自抑损。最后,通过晏子的做法侧面映衬她的才识、智慧。文章用正面描写与侧面描写相结合的写法使人物形象更加丰满。

【思考题】

1. 御者之妻"请去"的原因是什么?

2. 御者之妻采用什么方法委婉地劝说丈夫?

【参考答案】

1. 因为其夫志短而自得。　2. 用晏子与御者的不同表现进行对比,劝说丈夫常自抑损。

（李　锋　韩学玲）

毛遂自荐

秦之围邯郸,赵使平原君①求救,合从②于楚,约与食客门下有勇力文武备具者二十人偕。平原君曰:“使文③能取胜,则善矣;文不能取胜,则歃血④于华屋之下,必得定从而还。士不外索,取于食客门下足矣。”得十九人,余无可取者。……门下有毛遂者,前,自赞⑤于平原君曰:“……今少一人,愿君即以遂备⑥员而行矣。”……平原君曰:“夫贤士之处世也,譬若锥之处囊中,其末立见⑦。今先生处胜之门下三年于此矣,左右未有所称诵,胜未有闻,是先生无所有也。先生不能,先生留。”毛遂曰:“臣乃今日请处囊中耳,使遂蚤⑧得处囊中,乃脱颖⑨而出,非特其末见而已。”平原君竟与毛遂偕。

(司马迁《史记·平原君虞卿列传》)

【注释】

①[平原君]赵国贵族,广有门客。 ②[从]同“纵”,六国联合以抗秦的策略。 ③[文]非暴力,这里指通过谈判而不施加压力。 ④[歃(shà)血]古代盟会时,嘴上涂上牲畜的血,以示诚意。 ⑤[赞]通“荐”。 ⑥[备]齐备。 ⑦[立见]立刻显现。 ⑧[蚤]通“早”。 ⑨[颖]锋芒,锥尖。

【译文】

秦国围住了(赵国的都城)邯郸,赵国派遣平原君求援,到楚国与其定立合纵抗秦的盟约。(平原君)约定与勇敢有力、文武兼备的门客二十人一同赴楚。平原君说:“假使会谈可以成功固然好,会谈不成功,(则要胁迫他)在楚国的宫廷中与我们歃血为盟,无论如何,必须订立纵约而回。人,不到外边找了,用我门下的食客就够了。”选取了十九人,其余的没有可取的了。……门下有个叫毛遂的,走上前来,向平原君自我推荐说:“……如今还少一个人,希望您就用我凑足人数而前往吧。”……平原君说:“有贤能的人处在社会上,譬如锥子处在口袋中,它的尖端会立即显现出来。如今先生在我赵胜的门下已经三年了,左右的人没有提到你的,我赵胜没听到过(你有什么贤能),先生没有本事,先生不能胜任，先生还是留下来好。”毛遂说：“我今天才请求将我放在口袋中呀！假使我早能处在口袋中，锋芒早就钻出来了，岂止仅露出一点尖端而已。”平原君终于与毛遂一同赴楚而去。

【简析】

这个成语故事启示我们：在自己所能胜任的工作面前应当自告奋勇，当仁不让，勇挑重担。文章主要通过人物对话来塑造人物形象，揭示主题思想。故事的结局是平原君和楚王谈判没有结果，毛遂挺身而出，陈述利害，楚王才答应派兵去救赵国。这一结果验证了毛遂的勇敢和才华。现今人们用“锥处囊中”比喻有才智的人终能显露头角，不会长久被埋没。

【思考题】

1. 平原君是如何选用人才的（用原句回答）？

2. 毛遂是如何赢得平原君的认可的？

【参考答案】

1. 有勇力文武具备者。　2. 有贤能的人处在社会上，譬如锥子处在口袋中，它的尖端会立即显现出来。

（侯　伟）

飞将军

李广以卫尉为将军①，出雁门②击匈奴。匈奴兵多，破③败广军，生得④广。——单于⑤素闻广贤，令曰："得李广必生致之。"——胡骑得广，广时伤病，置广两马间，络而盛卧广。行十余里，广佯⑥死。睨⑦其旁有一胡儿骑善马，广暂⑧腾而上胡儿马，因推堕儿，取其弓，鞭马南驰数十里，复得其余军，因引而入塞⑨。匈奴捕者骑数百，追之，广行取胡儿弓射杀追骑，以故得脱。

（司马迁《史记·李将军列传》）

【注释】

①［以卫尉为将军］以卫尉的职称担任带兵的将军的职务。卫尉，守卫皇宫的卫队指挥官。　②［雁门］当今山西省代县一带地区。　③［破］军事术语，意为"击溃"。　④［生得］活捉。　⑤［单（chán）于］匈奴君王的称号。　⑥［佯］假装。　⑦［睨（nì）］斜眼看。　⑧［暂］很快地，突然地。　⑨［塞（sài）］边境长城上的关口。

【译文】

李广以卫尉的身份担任了带兵出战的将军，领兵北出雁门，攻打匈奴。匈奴兵多势盛，打败了汉军，活捉到李广。——单于一向听说李广本领高，命令部下说："捉得李广，一定要拿活的送来。"——匈奴兵俘虏到李广，见他受了重伤，就让他躺在一张网里，挂在并排的两匹马中间抬着走。李广一路装死，走了十几里，偷眼看到旁边有个年轻的胡人骑着一匹好马，他就突然纵身一跳，跳到那个青年的马上，夺了弓箭，把那青年推下马去，快马加鞭，向南飞跑，他一口气跑了几十里，又会合了部下的残兵，就带着他们进了雁门。当时匈奴派了几百名骑兵追捕李广，李广一面飞跑，一面拿出那匈奴青年的弓箭，转身射杀不少追兵，因此得以脱险。

【简析】

飞将军李广是汉代一位著名的军事家和爱国将领。他一生的主要事迹是抗击匈奴,历任边郡太守,"以力战为名","与匈奴大小七十余战",是个勇敢善战,屡建奇功的人物。选文写他出雁门山北击匈奴,因伤病被匈奴生俘,在中途他竟佯装已死,乘敌人不备,伺机夺取弓马,射杀追骑,回归汉营。表现了他的勇敢和机智。

本文对双方交战过程略写,对李广被俘后的表现详写。作者这样处理,突出表现了李广的机智、勇敢。本文语言准确生动,极富表现力。如"佯死""睨"等,使李广的机智具体可感。

【思考题】

1. 解释下列句中加点的字。

A. 单于素闻广贤

B. 鞭马南驰数十里

2. 写出唐代王昌龄《出塞》中写李广的两句诗。

3. 哪些句子体现了李广的机智、勇敢(用原文回答)?

【参考答案】

1. A. 向来; B. 用鞭打。 2. 但使龙城飞将在,不教胡马度阴山。 3."广佯死……以故得脱。"

(王念楼)

圯上进履

(张)良闲从容步游下邳圯上[1]。有一老父,衣褐[2],至良所,直[3]堕其履圯下,顾谓良曰:"孺子,下取履!"良鄂[4]然,欲殴之。为其老,强忍,下取履。父曰:"履我[5]!"良业为取履,因长跪[6]履之[7]。父以足受,笑而去。良殊大惊,随目之。父去里所[8],复还,曰:"孺子可教矣!后五日平明[9]与我会此。"良因怪之[10],跪曰:"诺。"五日平明,良往,父已先在,怒曰:"与老人期[11],后,何也?"去,曰:"后五日早会!"五日鸡鸣[12],良往,父又先在。复怒曰:"后,何也?"去,曰:"后五日复早来!"五日,良夜未半[13]往。有顷,父亦来,喜曰:"当如是!"出一编书,曰:"读此则为王者师矣!后十年,兴[14]。十三年,孺子见我——济北谷城山下黄石即我矣。"遂去,无他言。不复见[15]。旦日[16],视其书,乃《太公兵法》也。良因异之[17],常习诵读[18]之。

(司马迁《史记·留侯世家》)

【注释】

①[圯(yí)上]圯,桥。圯上,桥上。另作"汜"(sì),意为已干涸的洼地;汜上是洼地边上。 ②[褐(hè)]粗麻或粗毛织成的衣料叫"褐",由这种衣料制成的衣服也叫"褐",是当时穷人穿的衣服。 ③[直]特别,特意。 ④[鄂(è)]通"愕"。 ⑤[履我]使我履,即给我穿上。 ⑥[长跪]伸直上身跪着。这是一种表敬意的姿势。 ⑦[履之]使之履,即给他穿上。 ⑧[所]左右,上下。表约数。 ⑨[平明]清晨。 ⑩[怪之]认为他"怪"。"怪"意为"以……为怪"。 ⑪[期]动词,定好时间约会。 ⑫[鸡鸣]这是古代计时的十八个时分之一,是个确定的"时分"。 ⑬[夜未半]"夜半"也是古代计时的十八个时分之一。夜未半,还不到"夜半"时分。 ⑭[兴]起来了。这是含蓄地喻指反秦的革命爆发。 ⑮[见]同"现",出现。 ⑯[旦日]第二天的"平旦"时分,"平旦"也是十八个时分之一。 ⑰[异之]认为它奇特不一般。 ⑱[习诵读]习,复习,温习,一遍又一遍地阅读。

【译文】

张良闲来无事,悠闲自得地外出闲逛,走到一处桥上。有一位老爷子,穿着粗麻衣,走到张良身边,故意把自己的鞋掉到桥下,回头对张良说:“孩子,下去(替我)拿鞋!”张良一怔,想揍他。因为看见老头儿岁数大,强忍怒气,下去把鞋拿上来了。老爷子又说:“给我把鞋穿上!”张良一想,既然给他把鞋拿上来了,(穿就穿吧,)于是挺直上半身跪着给他穿上了。老爷子把鞋往脚上一套,笑着走了。张良惊讶得不得了,随眼看着他(远去)。老爷子走了一里来地,又折回来,说:“这孩子还是可教育的!五天以后,天蒙蒙亮的时候和我在这里见面。”张良于是非常惊奇,跪下说:“好的。”五天后,天蒙蒙亮的时候,张良去了,老爷子已经先到了,生气地说:“和老年人约会,迟到了,为什么?”就走开了,说:“再过五天早些来!”五天以后的“鸡鸣”时分,张良又去了,老爷子又先到了,又生气地说:“迟到了,为什么又这样?”又走掉了,说:“再过五天早些来!”过了五天,张良不到“夜半”时分就到了。呆了一会儿,老爷子也来到了,高兴地说:“应当像这样!”拿出一编(古代用竹简写书,用绳串起来的一“本”书叫一编)书来,说:“读了它,就可以做帝王的老师了!再过十年,事情就要大发作。过十三年,孩子你能见到我——济北谷城下的那块黄石就是我了。”说完就走了,再没说别的话。从此不再出现。第二天的“平旦”时分,张良一看这编书,原来是《太公兵法》。张良认为它奇特不一般,常常一遍又一遍地阅读这本书。

【简析】

这个小故事可分为两层:第一层是老者故意借丢鞋、叫张良捡鞋穿鞋一事,来考察张良是否具备成才的基础。第二层是老者故意先后两次叫张良无功而返,是考察张良是否具备成才的决心与勇气。

【思考题】

1. 翻译句子。

①因长跪履之。

②良因异之,常习诵读之。

2. 简括短文所阐明的哲理。

【参考答案】

1. ①于是挺直上半身跪着给他穿上了鞋子。②张良认为它奇特不一般,常常一遍又一遍地阅读这本书。 2. 阐明的哲理:①要想成才必须具备积极上进的决心,坚忍不拔的毅力和锲而不舍的精神。 ②必须养成尊老敬老的良好习惯。③要善于识别人才,培育人才。

(苏瑞奇)

多多益善

上①尝从容与信言诸将能，各有差②。上问曰："如我，能将③几何④？"信曰："陛下⑤不过能将十万。"上曰："于公何如⑥？"曰："如臣，多多而益善耳。"上笑曰："多多益善，何为为我禽⑦？"信曰："陛下不能将兵，而善将将。此乃信之所以为陛下禽也。"

（司马迁《史记·淮阴侯列传》）

【注释】

①［上］皇帝，皇上。这里指汉高祖刘邦。 ②［差］差别，高下。 ③［将］这里做动词用，意为"统率，带领"，下文的"善将将"的第二个"将"做名词用，意为"将领"。 ④［几何］多少。 ⑤［陛下］对皇帝的尊称。 ⑥［于公何如］"何如"意思是"怎么样"。全句意为：比起您来又怎样呢（或对您来说又怎样呢）。 ⑦［禽］通"擒"。捉住，活捉。

【译文】

汉高祖刘邦曾经随意地同韩信谈论将领们的才能，认为他们各有高下。刘邦问："像我，能带多少兵呢？"韩信说："陛下不过能带十万兵。"刘邦说："对你来说又怎样呢？"韩信说："像我这样的人，兵越多越好啊。"刘邦笑着说："越多越好，为什么你会被我捉住呢！"韩信说："陛下不善带兵，却善于统率将领，这就是我被陛下捉住的原因。"

【简析】

这则短文是司马迁《史记·淮阴侯列传》中的一个片断，生动地展示了汉高祖刘邦和大将韩信性格中的一个侧面。

刘邦靠了他不怕挫折、善于用人的特点，最后终于战胜了原来比自己强大的楚霸王项羽。大将韩信则在这场兴汉灭楚的斗争中建立了别人不可替代的功劳。这段对话被作者安排在握有重兵的韩信做出了一些反叛的举措且被刘邦觉察之后，因此，它有进一步揭示两人之间那种表面上轻松随便，实际上互相猜疑关系的作用。全文不足百字,却能让读者不仅如见两人的音容,而且可以感觉到他们内心的变化活动:韩信由开始的夸耀自己到后来在刘邦的反问下收敛臣服,而刘邦则由开始的"从容与信言"到最后用"笑曰"的反问,来迫使韩信处于下风等。

司马迁不但是我国古代的一个伟大的史学家和文学家,而且是一个语言大师。几乎在每一篇记传中都有创造性的语言,为我们留下了大量的成语典故。"多多益善"就是其中的一例。

【思考题】

1."多多益善"是谁说的一句话,由这句话可看出他的什么性格特点?

2.你认为汉高祖刘邦有怎样的性格?

【参考答案】

1."多多益善"是汉大将韩信在评论自己的指挥才能时说的。由此可以看出他才高过人,自信而又自夸的特点。 2.刘邦作为君王,胸怀宽广、知人善任,从容、沉稳而又机智敏锐。

(邢　军)

教学相长

虽有嘉肴①，弗食，不知其旨②也。虽有至道③，弗学，不知其善也。是故学然后知不足④，教然后知困⑤。知不足然后能自反⑥也，知困然后能自强⑦也。故曰：教学相长⑧也。

（《礼记·学记》）

【注释】

①[嘉肴(yáo)]嘉，美好；肴，鱼肉等类荤菜。嘉肴，美味的熟肉。　②[旨]味美，好吃。③[至道]至高无上的道理，最好的道理。　④[知不足]知道自己有不足之处。　⑤[知困]困，困惑不通。知困，知道自己在学习中有搞不通的地方。　⑥[自反]反过来要求自己。⑦[自强]自己奋发努力。　⑧[教学相长(zhǎng)]教和学互相促进。

【译文】

即使有美味的熟肉，不吃，也不知道它的味美。即使有最好的道理，不学，也不知道它的好处。所以学了以后才知道自己有不足的地方，教了以后才知道自己有困惑不通的地方。知道自己有不足的地方，然后才能反过来要求自己；知道自己有困惑不通的地方，然后才能努力向上。所以说：教和学是互相促进的。

【简析】

本文是一篇陈述事理的文章，论述了“教”与“学”相互间的关系，辩证、客观而又易于人们接受。之所以会达到这样的效果，在于作者在文章的一开头没有马上抛出大道理，而是先介绍我们生活中熟知的事理，以最直白的语言讲最浅易的道理，而后逐步阐明了教和学之间相互作用的关系。每个人学得知识可以通过听老师讲或自己看书获得，但这样的知识往往记得不牢固或理解不深刻。在教别人的同时，可以巩固加深记忆，当别人提出疑问时，会促使自己去寻求方法解答，这同时就又扩大了自己的知识容量，加深了理解，所以学知识时教和学两方面是互相促进、缺一不可的。

这种写法，在现当代文章中也常常出现。它们没有激烈的语言、雄辩的气势，更没有众多的论据，但却能收到“润物细无声”的效果，达到以理服人的目的。在写作时，我们可以借鉴这种方法。

“教学相长”这个成语在学校中还意味着师生之间的相互推动、共同提高。

【思考题】

1. 文中的“教”与“学”的相互关系是怎样的？

2. 文章写“教”与“学”的相互关系，为什么开头却谈“嘉肴”与“至道”？

【参考答案】

1. 教与学可以在单个人身上体现，表现为“教”可以明白自己知识掌握上的不足，“学”可以明确不足，弥补不足。表现在不同职业的人身上，表现为教师不必样样强于弟子，弟子也不必把老师当做高不可攀的偶像来崇拜。　2.（见简析）。

（刘红英）

嗟来之食

齐大饥[1],黔敖为食于路[2],以待饿者而食[3]之。有饿者,蒙袂辑屦[4],贸贸然来[5]。黔敖左奉食[6],右执饮[7],曰:"嗟!来食![8]"扬其目而视之[9],曰:"予唯不食'嗟来之食',以至于斯也[10]!"从而谢[11]焉。终[12]不食而死。

(《礼记·檀弓下》)

【注释】

①[大饥]大荒年。 ②[黔傲]人名。为食:设置食物。 ③[食(sì)]同"饲",动词,把食物给人吃。 ④[蒙袂辑屦]用袖子遮着脸,拖拉着鞋。 ⑤[贸贸然]昏昏沉沉的样子。 ⑥[奉]进送。 ⑦[执]端着。饮:饮料,如汤粥之类。 ⑧[嗟!来食!]嗟:呼喝的声音。这句话说:"喂!你来吃吧!" ⑨[扬其目]抬起眼睛看。 ⑩[唯……]唯:只因为。至于斯:落到了这样的困境。 ⑪[谢]道歉。一作"推辞、谢绝"解。 ⑫[终]到底。

【译文】

古时候齐国曾经发生严重的饥荒。黔敖就在道路上摆放了食物,来等待饥饿的人,好给他们吃。有一个饥饿的人,用衣袖遮住脸,拖着鞋子,昏昏沉沉地走来。黔敖左手捧着食物,右手端着汤,说:"喂!来吃!"那个饥饿的人瞪着眼睛看着他说:"我正是因为不吃'嗟来之食',才落到这个地步呀。"黔敖连忙上去道了歉,那个饥饿者到底不肯吃(嗟来之食)而饿死在路上。

【简析】

本文记述的是齐国在荒年间,一个饥饿的人宁愿饿死,也不吃无礼的施舍。文章通过对人物语言、神态、动作的描写刻画自以为了不起、瞧不起别人的黔敖,和人穷志不穷的饿人两个典型人物形象。文中有"嗟,来食"一句,后来"嗟来之食"就泛指带有侮辱性的施舍。文中的"饥饿者"也被用来指有骨气的人。

【思考题】

1. 写出下列句中"而"字的用法。

①以待饿者而食之。

②扬其目而视之。

2. 翻译下列句子。

①有饿者，蒙袂辑屦，贸贸然来。

②予唯不食"嗟来之食"，以至于斯也！

3. 读了短文，你认为文中的"饿者"是怎样的一个人？

【参考答案】

1. ①表顺接。②表修饰。 2. ①有一个饥饿的人，用衣袖遮住脸，拖着鞋子，昏昏沉沉地走来。②我只因为不吃"嗟来之食"，才落到这个地步呀！ 3. 是一个宁可饿死，也不接受别人侮辱性施舍的有骨气的人。

（胡冬梅）

苛政猛于虎①

孔子过泰山侧②。有妇人哭于墓者而哀。

夫子③式④而听之。使子路⑤问之，曰："子⑥之哭也，壹似⑦重有忧⑧者。"而⑨曰："然。昔者吾舅⑩死于虎，吾夫又死焉，今吾子又死焉。"

夫子曰："何为不去也？"曰："无苛政。"夫子曰："小子⑪识⑫之：苛政猛于虎也！"

（《礼记·檀弓》）

【注释】

①[苛政]指残暴苛酷的统治。 ②[侧]旁边。 ③[夫子]特指孔子。 ④[式]同"轼"，车前扶手的横木。这里做动词用，意思是扶靠在车前横木上，表明孔子对妇人的哭声很注意。 ⑤[子路]孔子的学生，姓仲名由，"子路"是他的字。 ⑥[子]你。 ⑦[壹似]好像。壹，真是、实在的意思。 ⑧[重(chóng)有忧]连着有几件悲痛的事。重，重叠、重复。 ⑨[而]乃，就。 ⑩[舅]公公(丈夫的父亲)。 ⑪[小子]对后辈的一种称呼，这里指学生们。 ⑫[识(zhì)]同"志"，记住。

【译文】

孔子路过泰山的旁边。见到有一个妇人在坟墓旁哭得十分伤心。

孔子扶着车前横木专注地听着那哭声，派子路前去询问她说："你哭得好伤心啊，好像连着有几件悲痛的事。"妇人回答道："是的。先前我的公公被老虎咬死了，后来我的丈夫又被老虎咬死了，现在我的儿子又这样死掉了。"

孔子问道："那你为什么不离开这里呢？"妇人回答说："因为这里没有苛酷残暴的统治。"孔子深有感触地说："你们记住，残暴的统治比老虎还要厉害啊！"

【简析】

本文通过妇人一家三口被老虎咬死却不愿离去的遭遇，表达了"苛政猛于虎"这一主题，揭示了贪得无厌的剥削者比老虎更凶猛的事实。全文不足百字，文笔相当凝炼。其中对妇人"哭于墓者而哀"的描写，既写出了人物的面部表情，又反映出人物的内心感情世界，十分形象。写孔子的“式而听之”，既是神态动作的描写，又表现出孔子体察民情的个性，非常传神。而记叙中的议论“苛政猛于虎”更是点睛之笔。

【思考题】

1. 本文揭示了怎样的社会现实？我们学过的哪篇文言文揭露了类似的现实？

2. 文中哪句话揭示了中心思想？

3. 结合原文，谈谈短文在刻画人物方面的主要特点。

【参考答案】

1. 奴隶主阶级残酷地统治、剥削劳动人民；《捕蛇者说》。 2. 苛政猛于虎也。 3.（见简析）。

（唐宜芝）

大同

大道之行也，天下为公①：选贤与能②，讲信脩睦③。故人不独亲其亲，不独子其子④，使老有所终，壮有所用，幼有所长，矜寡孤独废疾者皆有所养⑤，男有分⑥，女有归⑦。货，恶其弃于地也，不必藏于己⑧；力，恶其不出于身也，不必为己⑨。是故谋闭⑩而不兴，盗窃乱贼⑪而不作⑫，故外户而不闭⑬，是谓大同。

（《礼记·礼运》）

【注释】

①[天下为公]天下成为公共的。 ②[与能]与，举。 ③[讲信脩睦]讲求信用，处理好人与人之间的关系，使之和睦。脩，同“修”，增进。 ④[“故人”两句]所以人们不只是敬奉自己的父母，不只是抚养自己的子女。第一个“亲”和“子”都用做动词，以……为双亲，以……为子女。 ⑤[矜寡孤独废疾者皆有所养]鳏、寡、孤、独和残废患病的人都能有所供养。矜（guān），通“鳏”，老而无妻叫鳏。孤，幼年无父叫孤。独，老年无子叫独。 ⑥[分（fèn）]职分。 ⑦[女有归]女子出嫁叫归。这是指夫家。 ⑧[“货”句]对于财富，人们不满于它被抛弃在地上（因而想拾起来），但不一定是为了占为己有。货，财富。恶，嫌怨。 ⑨[“力”句]对于力气，人们耻于它不出于自身（即想出力做事），但不一定是为了自己才劳作。 ⑩[谋闭]谋，奸谋。闭，被阻塞。谋闭，奸诈之心被消灭。 ⑪[乱贼]乱，造反（的）。贼，伤害人（的）。 ⑫[作]起、发生。 ⑬[故外户而不闭]故，所以。闭，指上锁。

【译文】

大道行于天下的时代，天下成为公共的：人们选拔有贤德的，推举有才能的，彼此讲求信用，处理好人与人之间的关系，使之和睦相处。所以人们不只是敬奉自己的父母，也不只是抚养自己的子女，而且使老人能安享天年，壮年能施展才力，儿童能正常成长，丧妻丧夫无父无子和残废患病的人都能得到供养，男人都有职分，女人都有夫家。对于财富，人们不满于它被抛弃在地上（因而想拾起来），但不一定是为了占为己有；对于力气，人们耻于它不出于自身（即想出力做事），但不一定是为了自己才劳作。因此（各种）阴谋奸邪之事被阻塞，偷窃、作乱和害人的事也就不会发生，所以在外户只须合上门而不须上锁，这就叫做“大同”。

【简析】

本文节选自《礼记·礼运》。“大同”意即高度而普遍的和平，指原始公社时期的社会风貌。

关于“大同”之世，作者虽然予以讴歌，但仅仅当做一种历史的陈迹加以追叙。由于描述中强调了“天下为公”的特点——不存在私有财产，没有压迫剥削，人们共同劳动，互爱互助，因此它同后来“天下为私”、争乱不息的现实相比，令人十分向往。

本文语言精炼，句式整齐，富有表现力。

【思考题】

1. 翻译下列句子。

①大道之行也，天下为公：选贤与能，讲信脩睦。

②故人不独亲其亲，不独子其子。

③是故谋闭而不兴

2. 谈谈文中“大同”之世有什么特点？

3. 比较本文与《桃花源记》在内容和写法上有什么异同。

【参考答案】

1. ①大道行于天下的时代，天下成为公共的：人们选拔有贤德的，推举有才能的，彼此讲求信用，处理好人与人之间的关系，使之和睦。②所以人们不只是敬奉自己的父母，也不只是抚养自己的子女。③因此（各种）阴谋奸邪之事被阻塞。

2. “大同”之世，强调了“天下为公”的特点——不存在私有财产，没有压迫剥削，人们共同劳动，互爱互助。

3.（略）。

（王学锋）

慎　独

所谓诚其意者，毋自欺也。如恶恶臭①，如好好色②，此之谓自谦③。故君子必慎其独也。小人闲居为不善，无所不至，见君子而后厌然④，揜⑤其不善而著其善。人之视己，如见其肺肝然，则何益矣？此谓诚于中，形于外。故君子必慎其独也。曾子曰："十目所视，十手所指，其严乎⑥！"

（《礼记・大学》）

【注释】

①［恶（wù）恶（è）臭（xiù）］前一个"恶"用为动词，厌恶。后一个"恶"是形容词，不好。臭：气味。　②［好（hào）好（hǎo）色］前一个"好"用为动词，喜爱。后一个"好"是形容词，美好。好色，漂亮的姿色。　③［谦（qiè）］通"慊"，意为"满足"。　④［厌然］躲躲藏藏的样子。　⑤［揜（yǎn）］"掩"的古字。意为"掩盖"。　⑥［其严乎］"其……乎"是一个固定形式，表委婉的反问。"严"是反问的内容，意为"严厉"。

【译文】

所谓使自己的意念真诚，就是不要欺骗自己。就像厌恶不好的味，就像喜爱美色一样，这就是说要使自己满足。所以君子独处时，一定要谨慎地进行内心反省。小人在别人看不见时做不好的事，无所不为，看见了君子就躲躲藏藏，把不好的表现掩盖起来，故意标榜自己好的德行。人们看他就像看透他的肺肝一样，那有什么益处呢？这就是说，内心真诚的一定会表露在外面。所以君子独处时，一定要谨慎地进行内心反省。曾子说："好多眼睛看着你，好多手指着你，这是多么严厉啊！"

【简析】

《礼记》，儒家经典之一，秦汉以前各种礼记论著的选集，相传西汉戴圣编纂。《大学》原是礼记的一篇，宋代从《礼记》中把它抽出，与《论语》《孟子》《中庸》并称"四书"。其内容提出格物、致知、诚意、正心、修身、齐家、平天下等条目，成为南宋后理学家讲伦理、政治、哲学的基本纲领。

慎独，儒家用语，谓在独处无人注意时，自己的行为也要谨慎不苟。宋明理学家一般以慎独作为重要修养方法之一。

本文围绕“慎独”这一中心，层层论证，结构严谨，语言通俗，并运用比喻和对比的手法，有较强的说服力。

【思考题】

1. 给加点的字注音并解释。

如恶恶臭(　　)　　如好好色(　　)

2. 作者在这篇文章中要表述的观点是什么(用文中原句回答)？

3. 本文运用了哪些论证方法？

4. 读了本文，你有什么感想？

【参考答案】

1. (wù)厌恶，(è)不好；(hào)喜爱，(hǎo)美好。　2. 故君子必慎其独也。　3. 比喻论证、对比论证、道理论证。　4. 一是不管有无他人在旁，都要严于律己，一丝不苟；一是要表里如一，不能口是心非(意思对即可)。

(刘以东)

螳螂捕蝉

吴王欲伐荆①，告其左右②曰："敢有谏者③，死！"舍人有少孺子者④欲谏不敢，则怀丸操弹⑤，游于后园，露沾其衣，如是者三旦⑥。吴王曰："子来⑦，何苦沾衣如此！"对曰："园中有树，其上有蝉，蝉高居悲鸣、饮露，不知螳螂在其后也；螳螂委身曲附⑧，欲取蝉，而不知黄雀在其傍⑨也；黄雀引颈欲啄螳螂⑩，而不知弹丸在其下也。此三者⑪皆务欲得其前利⑫，而不顾其后之有患也。"吴王曰："善哉！"乃罢其兵⑬。

（刘向《说苑·正谏》）

【注释】

①[吴王]指吴王寿梦。荆：楚国的别称。 ②[左右]代指近侍的臣。 ③[谏者]上谏言的人。古代臣下以言指正君主的过失叫谏。 ④[舍人]官名，掌管宫廷中政事，即近侍之臣。少孺子：年青人。 ⑤[怀]随身藏带。操：持。弹：射发弹丸的弓，即弹弓，弓背以竹制成，牛筋为弦，拉弦发射弹丸。 ⑥[三旦]三个早晨。 ⑦[子]您。 ⑧[委身]伏屈着身体。委：屈，伏贴。曲附：弯张足爪。 ⑨[傍]同"旁"，旁边。 ⑩[引颈]伸长脖子。 ⑪[者]代词。三者是指蝉、螳螂和黄雀。 ⑫[务欲]希求。前利：眼前利益。 ⑬[罢]停止。兵：指军事、战争。

【译文】

吴王准备攻打楚国，告诉他的左右臣子说："敢有劝阻（我攻打楚国）的，我就处死他！"有一位年轻的侍卫官想劝谏而不敢，于是就藏着弹丸拿着弹弓，在后园绕来绕去，露水浸湿了他的衣服，就这样一连三个早晨。吴王说："你过来，为什么自寻苦恼，把衣服弄湿成这样。"他回答说："园中有树，树上有蝉，蝉高高地呆在树枝上，叫声很悲，饮着露水，不知道螳螂就躲在它身后呀；螳螂弯曲着身子紧贴在树枝上，想要捉蝉，而不知道黄雀正躲在旁边；黄雀伸长脖子，想啄螳螂，而不知弹丸在它的下边呢。这三个东西都想得到它们眼前的利益，而看不到它们身后有隐患呀。"吴王说："好啊！"于是就停止出兵。

【简析】

《说苑》,西汉刘向撰,原20卷,后汉存5卷,经宋曾巩搜辑,复为20卷。本文记述的是春秋时期少孺子谏止吴王攻打楚国的故事。少孺子以螳螂只顾捕蝉,不知背后还有黄雀正在暗算它这种情况作比,讽喻吴王,不可以只顾攻打人家不考虑后患。后"螳螂捕蝉,黄雀在后"沿用为成语典故,借以讽刺顾前不顾后,只贪图一时利益的人。

【思考题】

1. 翻译下列句子。

①舍人有少孺子者,欲谏不敢。

②露沾其衣,如是者三旦。

③螳螂委身曲附,欲取蝉。

④皆务欲得其前利,而不顾其后之有患也!

2. 这个故事对你有什么启发?请简要地说一说。

【参考答案】

1. ①有一个年轻的侍卫官想劝谏而不敢。②露水浸湿了他的衣服,就这样一连三个早晨。③螳螂弯曲着身子紧贴在树枝上,想要捉蝉。④都想得到它们眼前的利益,而看不到它们身后有隐患呀! 2. 这是个开放型的题目。阅读之后的启发、感受,不一定非从短文的中心出发,从任何一个角度出发都可以。从螳螂、黄雀的角度出发,可能受到这样的启发:做一件事,要尽量考虑周全,不要只看见眼前有利可图,而不知祸害就在后面;从舍人少孺子的角度可能受到这样的启发:劝告他人时,如采用恰当的方法,可收到很好的效果;如从吴王的角度可能受到这样的启发:虚心接受别人的合理化建议,对自己有利无害。

(胡冬梅)

师旷[①]论学

晋平公[②]问于师旷曰："吾年七十，欲学，恐已暮[③]矣！"

师旷曰："何不炳烛[④]乎？"

平公曰："安[⑤]有人臣而戏[⑥]其君乎？"

师旷曰："盲臣[⑦]安敢戏其君乎？臣闻之：少而好学，如日出之阳[⑧]；壮而好学，如日中之光；老而好学，如炳烛之明。炳烛之明，孰与[⑨]昧行[⑩]乎？"

平公曰："善哉！"

（刘向《说苑》）

【注释】

①［师旷］字子野，春秋时期晋国乐师。他双目失明，仍热爱学习，在音乐方面造诣很深。 ②［晋平公］春秋时期晋国国君。 ③［暮］晚。 ④［炳烛］点燃蜡烛。 ⑤［安］疑问代词，怎么，哪里。 ⑥［戏］戏弄。 ⑦［盲臣］瞎眼的臣子，师旷是个瞎子，故这样自称。 ⑧［阳］日光。 ⑨［孰与］一种固定句式，常用来表示比较，译为"比……怎么样"。 ⑩［昧行］在黑暗中行走。昧，暗。

【译文】

晋平公问师旷说："我已经七十岁了，想要学习，恐怕已经晚了！"

师旷说："为什么不点上蜡烛呢？"

平公说："哪有做臣子却戏弄他的国君的呢？"

师旷说："瞎眼的臣子怎么敢戏弄他的国君呢？我听说：少年喜欢学习，好像太阳刚出来时的光芒；壮年喜欢学习，好像中午太阳的光辉；老年喜欢学习，好像点燃蜡烛的光亮。点燃蜡烛照明，比摸黑走路哪个好呢？"

平公说："讲得好啊！"

【简析】

本文主要记叙了晋平公暮年问学于师旷的故事。对于晋平公提出的问题，师旷没有长篇大论，而是巧妙设喻："少而好学，如日出之阳；壮而好学，如日中之光；老而好学，如炳烛之明”。化抽象为具体，变深奥为浅显，通俗易懂。不但消除了晋平公开始时对师旷的误解，而且顺利说服了晋平公。文章篇幅短小，情节曲折；对话简练，形象鲜明，可谓是短小精悍。它生动形象地告诉我们要有“活到老，学到老”的精神。师旷身为盲人，却能在逆境中崛起，对于今天处于顺境中的我们来说是一个很好的学习楷模。

【思考题】

1. 晋平公提出问题后，师旷开始是怎样回答的？

2. 晋平公对师旷的回答是何反应？

3. 师旷对晋平公的反应又进行了如何的回答？

4. 这篇文章给你以怎样的启示？

【参考答案】

1. 师旷的回答是：您为什么不点上蜡烛呢？ 2. 晋平公开始的反应是：他认为师旷在戏弄自己。 3. 对晋平公的反应，师旷用了三个比喻讲道理，“少而好学，如日出之阳；壮而好学，如日中之光；老而好学，如炳烛之明”。 4.（参考“简析”，只要言之有理即可）。

（王念楼）

相 刺

歌者不期于利声[1]而贵在中节[2]，论者不期于丽辞而务在事实。善声而不知转[3]，未可为[4]能歌也；善言而不知变，未可谓能说也。持规而非矩，执准而非绳，通一孔[5]，晓一理，而不知权衡。以所不睹不信人，若蝉之不知雪。坚据古文以应当世[6]，犹辰参之错[7]，胶柱而调瑟[8]，固而难合矣。

（桓宽《盐铁论·相刺》）

【注释】

①[利声]歌声激越尖锐。 ②[中节]合于节拍。 ③[转]同"啭"，音调婉转。 ④[为]同"谓"。 ⑤[孔]小洞，这里指一孔之见。 ⑥[当世]当代社会。 ⑦[辰参（shēn）之错]辰和参，星宿的名称。错，交错。辰参之错，辰星和参星交互出现而不相遇合，比喻从来就合不到一起。 ⑧[胶柱而调瑟]瑟是一种乐器，柱是瑟上用来调节音调的短木。把柱用胶固定住了，就无法调节音调了。比喻拘泥固执，不知变通。

【译文】

唱歌的人不追求歌声的好听，而贵在合乎节拍；议论的人不追求言辞的华丽，但一定要符合事实。声音动听但不懂得曲调，不能算是会唱歌；言辞优美却不了解形势变化，不能叫做会议论。拿着圆规而否定曲尺，端着水平仪而否定墨线，只有一孔之见，只明白一种道理，但不懂得衡量得失利弊。因为自己未见到就不相信别人，这就像夏蝉不知道冬雪一样。死抱着古代经典来应用于现世，如同辰星和参星永不能相见，粘住瑟上的弦柱去调瑟那样，必然难以适应啊！

【简析】

事物是客观存在的，人们不能凭自己的主观思想去判断，应全面、多方位地去观察，要一分为二地去判断事物的得失利弊，这样才不至于一叶障目，成为井底之蛙。事物又是变化发展的，人们不应因循守旧，拘泥于旧的思想之中，应以发展的眼光看待事物，这样才能更准确地了解事物的规律，准确判断事物的是与非。本文运用类比手法揭示道理，运用对偶句使文章语言凝练，琅琅上口，运用恰当的比喻使道理通俗易懂。

【思考题】

1. 翻译下列各句。

①歌者不期于利声而贵在中节，论者不期于丽辞而务在事实。

②持规而非矩，执准而非绳。

2. 本文中有一个现代仍在使用的成语是____________，含义是____________________________。

3. 本文给人的启示是什么？

【参考答案】

1. ①唱歌的人不追求歌声的好听，而贵在合乎节拍；议论的人不追求言辞的华丽，但一定要符合事实。②拿着圆规而否定曲尺，端着水平仪而否定墨线。

2. 胶柱调瑟，比喻拘泥固执，不知变通。 3.（略，言之有理即可）。

（刘　靖）

叶公好龙

叶公子高①好②龙，钩③以写龙，凿④以写龙，居室雕文⑤以写龙。于是天龙闻而下之，窥⑥头于牖⑦，施⑧尾于堂。叶公见之，弃而还⑨走，失其魂魄⑩，五色无主⑪。是叶公非好龙也，好夫⑫似龙而非龙者也。

（《新序·杂事》）

【注释】

①［叶公子高］叶，姓氏。子高，名。公，尊称。 ②［好（hào）］喜欢。 ③［钩］衣带上的钩。钩以写龙：在带钩上画龙。 ④［凿］通“爵”，酒具。 ⑤［雕文］雕上花纹。 ⑥［窥］偷看。 ⑦［牖］窗户。 ⑧［施］延伸，拖。 ⑨［还］通“旋”，转身。还走：转身就跑。⑩［失］失掉。失其魂魄，即魂飞魄散。 ⑪［五色］泛指面部表情。无主：失去主宰。 ⑫［夫］代词，那，那些。

【译文】

叶公子高先生很喜欢龙，衣服的带钩上画着龙，酒具上刻着龙，房檐屋栋上雕刻着龙的花纹图案。于是他喜欢龙的名声被天上真龙听说了，便从天上下来降临到叶公家，龙头在窗户上窥探，龙尾巴拖到叶公家的大厅里。叶公一看到天龙来了，吓得转身就跑，魂飞魄散，六神无主。由此可见，叶公并非真的喜欢龙啊！他所喜欢的只不过是那些样子像龙而实际上不是龙的东西罢了。

【简析】

《新序》是西汉刘向所辑的记述古代历史故事的书。《叶公好龙》的故事，讽刺那些表面上爱好某种事物而实质上却畏惧的人。这种人言行不一，表面说的是一套，实质做起来却又是一套。正像文中的“叶公”，他表面喜欢龙所达到的程度，可谓无人能及，衣服的带钩上、酒具上、房檐屋栋上都刻着龙的花纹。可是，所有这些都经不起“真龙”的考验，叶公被吓得魂飞魄散了。正如文章在结尾处所写的，叶公并非是真的喜欢龙啊！他所喜欢的只不过是那些似龙而非龙的东西罢了。“叶公好龙”的故事在今天仍有很大的借鉴意义。

【思考题】

1. 翻译下边的句子。

①钩以写龙，雕以写龙，居室凿文以写龙。

②窥头于牖，施尾于堂。

2. 找出本文的主旨句并翻译。

3. 本则寓言讽刺了什么样的人，给你什么启示？

【参考答案】

1. ①衣服的带钩上画着龙，酒具上刻着龙，房檐屋栋上雕刻着龙的花纹图案。②龙头在窗户上窥探，龙尾巴拖到叶公家的大厅里。 2. ①主旨句：是叶公非好龙也，好夫似龙而非龙者也。②由此可见，叶公并非真的喜欢龙啊！他所喜欢的只不过是那些似龙而非龙的东西罢了。 3. ①讽刺了那些表面上爱好某种事物，而实质上却有所畏惧的人。②做人应言行一致，表里如一。

（李　敏）

凿壁借光

匡衡①勤学而无烛，邻居有烛而不逮②，衡乃穿壁引其光③，以书映光而读之。邑人大姓文不识④，家富多书，衡乃与⑤其佣作⑥而不求偿⑦。主人怪⑧问衡，衡曰："愿得主人书遍读之。"主人感叹，资⑨给以⑩书，遂成大学⑪。

（《西京杂记》）

【注释】

①［匡衡］西汉经学家，东海承（今山东省苍山县兰陵镇）人，能文学，善说《诗》。汉元帝时，曾任丞相。 ②［逮（dài）］及，到。此句指隔壁的烛光透不过来。 ③［穿壁引其光］在墙上打穿一个洞，把光引进来。 ④［邑人］同乡人。大姓，指大户人家。文不识：指不识字。 ⑤［与］帮助。 ⑥［佣作］做雇工劳动。 ⑦［偿］报酬。 ⑧［怪］（对这件事）感到奇怪。 ⑨［资］资助，借给。 ⑩［以］把，介词。 ⑪［大学］大学问家。

【译文】

匡衡勤奋好学，但家中没有蜡烛照明。邻家有蜡烛，但光亮照不到他家，匡衡就把墙壁凿个洞，引来邻家的光亮，把书映在光亮上读。同乡有个大户人家不识字，家里很有钱，藏有许多书。匡衡就到他家做雇工，不要报酬。主人对此感到奇怪，询问匡衡，匡衡说："我想得到你家的书，通读一遍。"主人听了，深为感叹。就把书借给他读。于是匡衡就成了一个大学问家。

【简析】

《西京杂记》，历史小说集。后人考证为汉刘歆抑或东晋葛洪所作。西京，指西汉都城长安。该书所记为西汉遗文轶事。"凿壁借光""囊萤映雪""悬梁刺股"等都是讲古人刻苦求学的故事。这些故事曾启发和激励了一代又一代人在求知的道路上孜孜不倦，奋力拼搏，其中不少人成了大学问家、大思想家、大政治家，为中华民族文化事业的发展和社会的进步，做出了不朽的贡献。学习无论对任何人来讲都是一项艰苦的脑力劳动；在学习上想偷懒，怕吃苦，是断然不成的。我们要学习古人那种锲而不舍、刻苦求学的勤奋精神。

“凿壁借光”中的匡衡，之所以由一名普通的小官吏，而成为汉元帝时一名丞相，除了机遇之外，更多的是靠他的勤奋苦读而拥有的才学。虽然家境贫寒，但仍然想方设法为自己创设条件读书，不惜穿壁借光，替人佣作。他的这种苦学精神很值得我们学习。

“凿壁借光”亦作“穿壁借光”“凿壁偷光”，形容家境贫困，刻苦读书，后成为刻苦好学的典范。唐独孤铉有《凿壁偷光赋》。

所录文字主要谈两方面的事：一是无烛情况下的读书方式，二是说匡衡贫困时书的来源。

【思考题】

1. 所录文字第一句可以归结为一个成语是什么？其中蕴含了怎样的道理？谈谈你受到的启发。

2. 匡衡为书主人佣作而不求偿，只愿将主人书遍读之，终于感化书主人，资给以书，匡衡遂成大学。用一个成语来形容就是________________。

3. 翻译句子。

①匡衡勤学而无烛，邻居有烛而不逮。

②衡乃与其佣作而不求偿。

4. 我国历代刻苦求学的事例很多，写出三个典故来。

【参考答案】

1. 穿壁引光，或凿壁借光。我们要勤奋苦读，才能有所成就（意思对即可）。2. 精诚所至，金石为开。 3. ①匡衡勤奋学习可是没有蜡烛，邻居家有蜡烛但光亮照不到他家。②匡衡就到他家做雇工，不要报酬。 4. 孙敬“悬梁”、苏秦“刺股”、朱买臣“负薪读书”、范仲淹“断齑划粥”、车胤“囊萤”、孙康“映雪”等。

（董国华）

张释之①执法

顷之，上行出中渭桥，有一人从桥下走，乘舆②马惊。于是使骑捕之，属③廷尉④。释之治问。曰："县人⑤来，闻跸⑥，匿桥下久，以为行过，既出，见车骑，即走耳。"释之奏当⑦："此人犯跸，当罚金。"上怒曰："此人亲惊吾马，马赖和柔，令他马，固不败伤我乎？而廷尉乃当之罚金！"释之曰："法者，天子所与天下公共也。今法如是，更重之，是法不信于民也。且方其时，上使使诛之则已。今已下廷尉，廷尉，天下之平也，一倾，天下用法皆为之轻重，民安所措其手足？唯陛下察之！"上良久曰："廷尉当是也。"

（班固《汉书·张释之传》）

【注释】

①[张释之]西汉南阳堵阳（今河南方城东）人，字季。文帝时，以资选为郎，累迁公车令、中朗将，后任廷尉。景帝立为淮南相。 ②[乘舆]皇帝乘坐的车。 ③[属（zhǔ）]交付给。 ④[廷尉]官名，为司法官，掌刑狱。 ⑤[县人]外县的人，不是京城里的人。 ⑥[跸（bì）]帝王出行时，开路清道，禁止通行。 ⑦[当]叛处。

【译文】

过了不久，文帝出行，路过中渭桥，有个人从桥下跑出来，惊了皇帝的马。于是皇帝派警卫骑士逮捕了那个人，交给廷尉法办。张释之审问。那人说："我是从外县来的，听到御驾经过、禁止通行的命令，就躲在桥下，等了好久，以为皇帝走过去了，可是从桥下出来之后，看到车马，就吓得跑了起来。"张释之呈上判决书："这人违反了行人回避的禁令，判处罚金。"文帝大怒道："这人亲身惊吓了我的马，幸亏这匹马性子温和，假如是别的马，难道不会翻车跌伤我吗？可廷尉竟只判处他罚金！"张释之说："法律，是皇帝和天下人共有的。现在法律是这样规定的，如果擅自更动，加重刑罚，那么，这法律就不会被百姓信任了。而且当时，皇上假如派人把他杀掉也就完了。如今已交给廷尉，廷尉是天下公平执法的模范。一有偏差，天下执法的人都会随意增减刑罚，这叫百姓如何是好呢？

希望皇上明察！”文帝思考了很久，说：“廷尉的判决是正确的。”

【简析】

张释之作为一位执法者，认为：“法者，天子所与天下公共也。”执法之时，他没有屈从于皇权，而是以实事求是的态度，据事直言，很好地维护了国法，表现了他的公正严明。从本文也可以看出，中国封建社会的法律是王者之法，在皇权和法律之间，应该牺牲法律而服从皇权。而张释之在执法时，宁可得罪皇帝，也不破坏国法的尊严，这种刚毅正直、以身护法的精神是可敬的。本文结构严谨，材料详赡，语言凝炼，人物形象鲜明。

【思考题】

1. 下面句中加点字解释相同的一组是(　　)

A｛有良田美池桑竹之属／属廷尉｝　B｛有一人从桥下走／扁鹊望桓侯而还走｝

C｛于是使骑捕之／上使使诛之则已｝　D｛天下之平也／唯陛下察之｝

2. 此段的主要人物是__________，文中主要表现了他的____________________精神。

3. 与“法律面前人人平等”此句意思相近的是(用原文中的话)____________________。这句话的意思是____________________。

【参考答案】

1. B。　2. 张释之。刚直不阿、以身护法。　3.“法者，天子所与天下公共也。”法律，是皇帝和天下人共有的。

（刘　靖）

曲突徙薪

客有过①主人者，见灶直突，傍有积薪。客谓主人曰："曲其突，远其积薪②；不者，将有火患。"主人嘿然不应。俄而家果失火，邻里共救之，幸而得息。于是杀牛置酒③，谢其邻人，灼烂者在于上行，余各以功次坐，而反不录④言曲突者。向⑤使主人听客之言，不费牛酒，终无火患。

（班固《汉书·霍光传》）

【注释】

①[过]作短暂的拜访、访问。 ②[曲其突，远其积薪]"曲""远"都是使动用法。 ③[置酒]摆酒席。 ④[录]容纳，包括。 ⑤[向]表示时间的词语，义为"从前""当初"，常带假设性。

【译文】

有位客人拜访一家主人，看见灶上的烟囱是直的，灶旁堆着柴禾。客人对主人说："应该把烟囱改弯，把柴禾挪远点；不然的活，会发生火灾的。"主人没有答腔。不久，这家果然失了火，邻居一齐来救，幸好火被扑灭了。于是主人杀牛摆酒席，酬谢邻居，请被火烧伤的人坐在上席，其余的人各按功劳大小入座，却没有把曾经建议改弯烟囱的客人包括在内。假如当初主人听客人的话，就不必破费酒肉，也根本不会发生火灾了。

【简析】

《汉书》是我国第一部纪传体断代史。它在体例上沿袭《史记》，改"书"为"志"，取消"世家"并入"列传"。全书有十二本记、八表、十志、七十列传，共100篇，80余万字。记叙了汉高祖元年（公元前206年）到王莽地皇四年（公元23年）230年的历史。《汉书》又称《前汉书》，与《史记》《后汉书》《三国志》并称为"四史"。

曲突徙薪的故事表明，客人对主人提出的建议，是正确合理符合实际的，但主人没有听取客人的建议,结果造成了两方面的损失:一是房屋的损害,二是招待邻居的费用。然而客人被拒之门外,可见主人的做法是属于舍本求末。

【思考题】

1. 解释加点的词。

①曲其突,远其积薪。

②邻里共救之。

2. 翻译句子。

向使主人听客之言,不费牛酒,终无火患。

3. 短文说明了什么道理?

【参考答案】

1. ①把……改弯;②代词,火。 2. 假如当初主人听客人的话,就不必破费酒肉,也根本不会发生火灾了。 3. 短文说明了要善于听取别人合理的意见,否则就会造成不必要的损失。

(苏瑞奇)

楚人隐形

楚人①贫居②，读《淮南方》③，得“螳螂伺④蝉自鄣叶⑤可以隐形⑥”，遂于树下仰取叶——螳螂执叶伺蝉，以⑦摘之。叶落树下，树下先有落叶，不能复分别。扫取数斗归，一一以叶自鄣，问其妻曰：“汝见我不⑧？”妻始时恒⑨答言“见”，经日⑩，乃厌倦不堪，绐⑪云“不见”。嘿⑫然大喜，赍⑬叶入市，对面取人物。吏⑭遂缚诣⑮县⑯。

（邯郸淳《笑林》）

【注释】

①[楚人]楚国人。楚国，现在的湖北省及其周围一带。 ②[贫居]过穷日子。 ③[《淮南方》]一部讲医药的书，已失传。 ④[伺]侦察等候。 ⑤[自鄣叶]遮蔽自己的树叶。鄣，同“障”。 ⑥[隐形]隐藏形体，别人看不见。 ⑦[以]同连词“而”。 ⑧[不]同“否”。 ⑨[恒]总是。 ⑩[经日]经过一整天（表示时间很长）。 ⑪[绐（dài）]哄骗。 ⑫[嘿]同“默”。 ⑬[赍（jī）]携带。 ⑭[吏]指县里的公差。 ⑮[诣（yì）]到……去。 ⑯[县]指县衙门。

【译文】

（有个）楚国人过穷日子，读《淮南方》，得到“螳螂等候捕蝉时，隐蔽自己的树叶可以隐蔽自己的形体”（这句话的启示），就在树下仰面摘取树叶——螳螂侦察等候捕蝉时用的那片遮蔽自己的树叶，而摘取它。（谁知那）片树叶（从手中）落（到）树下，（而）树下早先已有落下的树叶，不能再分辨（出哪片是自己刚摘的）。于是扫了几斗（树叶）回家，一片一片地用树叶遮蔽自己，问他的妻子说：“你看见我没有？”妻子开始的时候总是回答说“看得见”，经过一整天，就厌倦得耐不住了，哄骗（他）说：“看不见了。”（这人）不声不响，（心里）大喜，携带树叶来到市场上，当面拿人家的东西。公差于是捆起（他）送到县衙门去。

【简析】

这篇文章揭示了迷信书本的人的可笑，同时也启示人们：一切干坏事的人，妄想用一块遮羞布来掩饰自己的罪行，是徒劳的，它讽刺了某些人贪婪而愚蠢的行为。

《楚人隐形》这篇文章的特点：

首先，小说很善于刻画人物。或通过富有特征性的细节，或通过具有典型意义的言行，使作者笔下的人物都栩栩如生，形象十分鲜明生动。楚人妄想得到一片“可以隐形”的树叶，竟“扫取数斗归，一一以叶自鄣”，当他的妻子因疲惫不堪而告诉他“不见”时，他高兴得“嘿然大喜”，足见其贪婪而又愚蠢。这些笔墨把人物描绘得活灵活现，楚人妄想不劳而获的心理都是通过这些细节和言行来表现的。

其次，小说善用夸张、对比的手法写人写事。楚人通过读书偶然间得到“螳螂伺蝉自鄣叶可以隐形”，便到树下去寻找这样一片可以隐形的叶子。当他自认为得到树叶时，竟“赍叶入市，对面取人物”。作者通过夸张的手法把楚人那种贪婪与愚蠢刻画得淋漓尽致。文章形式短小精悍，语言精炼简洁，隽永传神。

【思考题】

1.“楚人”真的能够自隐其形吗，他是个什么样的人？

2. 对照课文回答：“楚人”的妻子是在什么情况下说“不见”的，“嘿然大喜”表现了“楚人”怎样的心态？

3. 翻译下面两句话。

①螳螂伺蝉自鄣叶可以隐形。

②对面取人物。

【参考答案】

1. 不能。他是一个妄想用一块遮羞布来掩盖自己的罪行，贪婪而愚蠢的人。 2.“经日，乃厌倦不堪，绐云‘不见’”。表现了楚人自以为找到一种不劳而获的途径而沾沾自喜的心态。 3.（见译文）。

（周　茜）

执竿入城

鲁有执长竿入城者[1]，初[2]竖执之，不可入，横执之，亦不可入，计无所出。俄有老父[3]至曰："吾非圣人[4]，但见事多矣，何[5]不以锯中截[6]而入?"遂依而截之。

（邯郸淳《笑林》）

【注释】

①[者]代词，可以译为"……的人"。 ②[初]开始时。 ③[老父]老人。古时指老年男子。 ④[圣人]最完善、最有学识的人。 ⑤[何]疑问代词，怎么，为什么。 ⑥[中截]从中间截断。"中"在这里作"截"的状语。

【译文】

鲁国有一个手拿长竿进城的人，开始时竖着拿竿，进不去；又横着拿竿，还是进不去。他就再想不出办法了。不久，一位老人走来，见此情景说："我并不是圣人，只是见的事多了。你怎么不用锯把长竿从当中截断拿进去呢?"于是那人就照他的办法把长竿截断了。

【简析】

这篇文章通过具有典型意义的言行，刻画出"计无所出"不知如何是好的执竿者的形象和"吾非圣人，但见事多矣"的自以为是的老者形象。文章虽然短小，但语言精炼简洁，隽永传神。《执竿入城》旨在告诉人们：自作聪明的人常常是愚蠢的，决不能做自作聪明、好为人师的人。另外，虚心求教的人同样也应积极动脑筋，决不能盲从别人的意见。

【思考题】

1. 解释下面两句话的意思。

①计无所出

②遂依而截之

2.“执长竿入城者”和“老父”各是什么人？请简要概括出他们的特点。

3. 概括这段文字给予人们的启迪。

【参考答案】

1. 见译文。　2. ①遇事不能审时度势，随机应变。②自作聪明，贻笑大方。

3. 这个故事告诫人们遇事要审时度势，随机应变，切不可自作聪明，否则会贻笑大方。

（周　蕊　陈　靖）

诫子书

夫君子之行[①],静以修身,俭以养德,非淡泊[②]无以明志,非宁静[③]无以致远。夫学须静也,才须学也,非学无以广才,非志无以成学。淫慢则不能励精[④]。险躁[⑤]则不能治性。年与时驰,意与日去,遂成枯落,多不接世[⑥],悲守穷庐,将复何及!

(《诸葛亮集》)

【注释】

①[行]指操守,品德。 ②[淡泊]安静而不贪图功名利禄。 ③[宁静]这里指安静,集中精神,不分散精力。 ④[淫慢]指过度的享乐。淫,过度。慢,怠惰。励精:振奋精神。励,奋勉,振奋。 ⑤[险躁]这里指暴躁,与上文"宁静"相对而言。 ⑥[接世]接触社会,承担事务。

【译文】

君子的德行,用恬静来修养自己的身心,用节俭来培养自己的品德,不抛开功名利禄就不能表明自己崇高的志向,不心气平和就不能使学问造诣深远。学习必须安静下来,才能必须靠学习获得,不学习无法扩展才能,没有志向就不能在学习上有所成就。享乐过度就不能振奋精神,暴躁就不能陶冶性情。年华和时光一同逝去了,意志和时间一同消失了,像枯枝败叶一样凋落,对社会没任何贡献,晚年守着破房子痛惜过去,还怎能来得及呢?

【简析】

作者就学习和做人两个方面进行了论述。无论做人还是学习,作者强调的是一个"静"字:修身须要静,学习须要静,获得成功也取决于静。把失败归结为一个"躁"字,把"静"与"躁"加以对比,增强了表达效果。"静以修身,俭以养德","非淡泊无以明志,非宁静无以致远"都成为传世名句。文章多用双重否定句,增强了肯定的语气,更好地表达出作者的观点态度。

【思考题】

1. 用现代汉语翻译下面的句子。

①静以修身

②俭以养德

2. 作者写这段话的目的是什么？

3. 文中有两句话常被人们用做“志当存高远”的座右铭，请写出这两句话。

【参考答案】

1. ①用恬静来修养自己的身心。②用节俭来培养自己的品德。 2. 告诫儿子修身养性，生活节俭，以此来培养自己的品德。 3. 非淡泊无以明志，非宁静无以致远。

（郭隆刚）

孙亮辨奸

孙亮[1]暑月游西苑，食生梅，使黄门[2]以银碗并盖就[3]中藏吏[4]取蜜。黄门素[5]怨[6]藏吏，乃以鼠矢[7]投蜜中，启言藏吏不谨[8]。亮即呼吏持蜜瓶入，问曰："既盖覆之，无缘有此。黄门不有求于尔乎？"吏叩头曰："彼[9]尝[10]从臣贷[11]官席不与。"亮曰："必为此也，亦易知耳。"乃令破[12]鼠矢，内燥[13]。亮笑曰："若先在蜜中，当内外俱湿；今内燥者，乃枉[14]之耳。"于是黄门服[15]罪。

（陈寿《三国志·吴书注》）

【注释】

①[孙亮]三国时代吴国皇帝，公元252年至257年在位，后被废为会稽王。 ②[黄门]指宦官。 ③[就]接近，靠近，趋向。 ④[中藏吏]掌管皇家仓库的官吏。 ⑤[素]向来，一向。 ⑥[怨]仇视，怀恨。 ⑦[矢]通"屎"。 ⑧[谨]谨慎，小心。不谨，失职。 ⑨[彼]他，第三人称代词。 ⑩[尝]曾经。 ⑪[贷]借出。 ⑫[破]打破。 ⑬[燥]干。 ⑭[枉]冤屈。 ⑮[服]承当（劳役或刑罚）。

【译文】

孙亮热天到西苑去游玩，想吃生梅子，就打发一个宦官捧着一只有盖子的银碗去向管皇家仓库的官吏处取蜂蜜。这个宦官平时就对仓库官吏有意见，就把一颗老鼠屎放入蜜里。然后揭开碗盖时就报告说仓库官吏失职。孙亮立即叫仓库官吏把储藏蜂蜜的瓶子拿给他看。然后问道："蜜瓶既然盖得很严，里面是不应该有老鼠屎的。那个宦官平时向你要求过什么没有？"仓库官吏叩头说："他曾经向我要过皇宫里用的席子，我没有给。"孙亮说："他必定是因为这个缘故啊，却也容易弄清楚。"便叫宦官把那颗老鼠屎弄碎。一看，里面还是干的。孙亮笑道："老鼠屎如果早就掉在蜜里，应当里外都是湿的；现在里面是干的，可见是你临时放进去冤害他的啊。"于是宦官低头认罪。

【简析】

《三国志》为纪传体分国断代史，共65卷。它与《史记》《汉书》《后汉书》合称为“前四史”。陈寿(233—297),西晋著名史学家和散文家,字承祚,巴西安汉(今四川南充市)人。

这则短文叙事简练,人物塑造个性鲜明,显示了作者深厚的语言功底。国君孙亮聪明睿智,机敏过人,在整个案件的调查处理中,不是简单地凭主观印象草率结论,而是深入细致地调查分析:先“呼吏持蜜瓶入”,查看瓶盖是否盖紧,再问“黄门不有求于尔乎”,寻找黄门作案的动机。特别是他对老鼠屎“湿”与“燥”的分析,更是切中问题的要害,使黄门不得不低头认罪。这种严密的分析能力和敏锐的洞察力,不能不令人佩服。文中的黄门为泄私恨,不惜嫁祸于人,特别是他在嫁祸之后,又恶人先告状,“启言藏吏不谨”,其阴险狡诈可见一斑。文中一正一反两个人物的刻画,鲜明、突出。寥寥数语,人物形象便栩栩如生。

【思考题】

1. 孙亮辨奸的主要依据是什么?

2. 文中孙亮、黄门、中藏吏的形象如何?

3. 翻译下面的句子。

①启言藏吏不谨。

②今内燥者,乃枉之耳。

【参考答案】

1. 主要依据是老鼠屎里面是干的还是湿的。 2. 孙亮——聪明,明察秋毫。黄门——阴险狡诈。中藏吏——忠于职守。3. ①(揭开碗盖时)报告说仓库官吏失职。②现在(老鼠屎)里面是干的,可见(是你临时放进去)冤害他的啊。

(朱凌凌)

望梅止渴

魏武①行役失汲道，三军皆渴，乃令曰："前有大梅林饶子②，甘酸可以解渴。"士卒闻之，口皆出水③。乘此得及前源。

（刘义庆《世说新语》）

【注释】

①[魏武]曹操。他的儿子曹丕代汉建立魏国后，追尊他为魏武帝。 ②[饶子]饶，多，丰富。子，果实。饶子，果实结得多。 ③[出水]流出涎水，流出唾液。

【译文】

有一次，曹操率领部队行军时一时没有找到水源，士兵们都干渴难忍。于是曹操传下命令说："前面有一片大梅林，梅子结满枝头，既甜又酸，可以解渴。"士兵们听了这话，都流出口水。靠这种办法，使部队坚持走到前边有水源的地方。

【简析】

曹操是历史上杰出的政治家和军事家，在用人上他主张"唯才是举"。历史上许多关于他的故事，无不反映了他的才气。

《望梅止渴》写了曹操在大部队找不到水源，士兵们焦渴难耐、士气低落的情况下，急中生智，于是传下命令说："前面有片梅林，梅子很多，又酸又甜。"士兵们听了，都条件反射地流出了口水，不再嚷渴。士兵们继续前进，终于找到了水源。曹操用这样的方法使士兵们虚偿所愿，与"画饼充饥"之义相近。

【思考题】

1. 曹操带领部队行军时，为了解决士兵口渴的问题用了"____________"的办法。此成语现在比喻____________________。

2. 有一成语与"望梅止渴"意义相近，是____________。

3. 曹操运用"望梅止渴"这一方法有何积极意义？结合实际谈谈你的看法。

【参考答案】

1."望梅止渴"；比喻用空想安慰自己。 2."画饼充饥"。 3.（略）。

（张 艳）

陶母戒子

陶公[①]少时[②]作鱼梁吏[③]，尝以坩[④]鲊[⑤]饷母。母封鲊付使，反书[⑥]责侃曰：“汝为吏，以官物见饷[⑦]，非唯不益，乃增吾忧也。[⑧]”

（刘义庆《世说新语》）

【注释】

①[陶公]陶侃，学士行，东晋人，曾任县吏、大将军等职。 ②[少时]青年时代。 ③[鱼梁吏]管理水堰捕鱼事务的小官。鱼梁，在水中筑堰用以捕鱼的一种装置。 ④[坩(gān)]盛物的陶器。 ⑤[鲊(zhǎ)]经过加工的鱼类食品，如腌鱼、糟鱼之类。 ⑥[反书]回信。 ⑦[见饷]给我吃。 ⑧[非唯……乃]不但……反而。

【译文】

陶侃年轻时，做管理水堰捕鱼的小官。他曾经把一罐子腌鱼(派人去)送给母亲吃。母亲封好了腌鱼，交还送来的人，回信责备陶侃说：“你做官，拿公家的东西送给我，这不但没有益处，反而增加了我对你的忧虑。”

【简析】

这则故事表现了陶母既能保持自己的美德，又能教育儿子要廉洁奉公的品行。陶侃以官物孝敬母亲，母亲不但拒绝了这种“孝敬”，而且回信责备并教育儿子。这种做法，不仅是对自己子女负责，也是对子女的真正爱护。正是在陶母的教育影响下，陶侃才从小吏做到大将军，为魏晋王朝立下了汗马功劳。

作父母的，应当怎样教育子女，作子女的，应当怎样孝敬父母？我们可以从中受到一些启发。

【思考题】

1. 翻译句子。

以官物见饷，非唯不益，乃增吾忧也。

2. 陶母教育儿子应具有怎样的品质？

3. 从这则故事中你可以得到哪些启示?

【参考答案】

1.(见译文)。 2. 廉洁奉公。 3。本题不要求统一答案,可从两个方面考虑:一是要洁身自爱,培养自己不贪财的好品德;二是理解父母的爱,明白严是爱、溺是害。

(郭红艳)

管宁割席

管宁①、华歆②共园中锄菜，见地有片金。管挥锄与瓦石不异③，华捉④而掷去之。又尝同席⑤读书，有乘轩冕⑥过门者，宁读如故⑦，歆废书⑧出观。宁割席⑨分坐，曰："子⑩非吾友也。"

（刘义庆《世说新语》）

【注释】

①［管宁］三国时魏国人。汉末大乱，避到辽东讲学。朝廷多次招他做官，他始终不接受。　②［华歆（xīn）］东汉末做尚书令，后投靠曹操，官做到太尉，是个热衷功名的人。　③［不异］没有两样。　④［捉］握。　⑤［同席］同坐在一张席上。古人席地而坐。　⑥［轩（xuān）冕（miǎn）］轩，士大夫以上官员乘坐的车子。冕，大夫以上贵族所戴的礼帽。轩冕用来代指高官。　⑦［如故］照旧。　⑧［废书］放下书本。　⑨［割席］把座席从当中划开，表示绝交之意。　⑩［子］您。

【译文】

管宁和华歆一起在园子里锄菜地。发现地上有一片金子，管宁照样挥动锄头，把金子看得跟砖瓦石子一样，华歆却把金子拾起来（看了看）而后才扔掉。又一次，两人曾经坐在一张席子上读书，有坐着车子戴着礼帽的高官从门前经过。管宁照旧读书，华歆却扔下书本跑出去看。管宁把坐的席子割成两片，跟华歆分开来坐，对华歆说："您不是我的朋友。"

【简析】

《管宁割席》通过两个简单的故事，生动地写出了汉末名士管宁、华歆的人品优劣。这种优劣在极微小却很关键的地方表现出来。华歆虽然拾金之后，又丢了，但已经见财动心，比起管宁对金子的不屑一顾，品格就有差别了。华歆之所以丢下金子，也是受到管宁毫不动心的影响，内心感到了惭愧。金子事件后，管宁还是愿跟华歆做朋友，同坐在一张席上读书。可高官过门，管宁依旧读书，华歆却扔下书本去看高官，暴露出贪恋富贵的念头。这使得管宁终于认清了华歆的为人，不得不跟华歆绝交。管宁高洁的品格和华歆贪恋富贵的可鄙，就通过两个小故事表现了出来。从华歆身上反映出封建社会大多数人读书是为了追求功名富贵，对比之下，管宁这种品格，在当时就更显得可贵了。这个短篇突出管宁的割席原因，表达了作者赞美管宁鄙视华歆的态度。

【思考题】

1. 细读本文，简要分析从哪几个方面可以看出管、华两人品格的高低和优劣？

2. 本文意在告诉我们青少年应该怎么做？

3. 本文在选材上有什么特点？

【参考答案】

1. 本文通过日常生活中两件小事，表现两个人物品格的差异。一是从管宁见黄金“与瓦石无异”，华歆见黄金“捉而掷去之”，二是从逢显贵，管宁“读书如故”，华歆却“废书出观”的差别中，可以看出管宁、华歆两人品格的高低和优劣。

2. 应该有大志，刻苦学习，排除一切私心杂念，才能有所成就。　3. 选择能反映人物品行的细小处来写。

（周　实）

谢公围棋

谢公①与人围棋，俄尔②谢玄淮上③信④至，看书竟⑤，默然无言，徐向局。客问：“淮上利害⑥？”答曰：“小儿辈大破贼⑦。”意色举止不异于常。

（刘义庆《世说新语》）

【注释】

①[谢公]谢安。 ②[俄尔]一会儿，不久。 ③[淮上]淮水上游。 ④[信]送信件的人。 ⑤[看书竟]把送信人带来的信件从头至尾看完。书，信件。 ⑥[利害]军事上的胜败。 ⑦[小儿辈大破贼]指谢玄与从弟谢琰在淝水之战中大破符坚号称百万之师的事。

【译文】

谢安跟客人下围棋，不久，谢玄从淮水前线寄来的信由送信人送到了，他看完信后，默不作声，态度从容地面向着棋局照常下棋。客人问他：“淮河上游的战斗胜败如何？”谢安回答说：“小孩子们大败敌人。”说这话时，神情动作跟平常没有什么不同。

【简析】

淝水之战是我国历史上著名的以少胜多、以弱胜强的战例之一。东晋谢安在此战中谨慎设防，指挥若定，抓住有利战机，一举击溃秦军。本文以简洁生动的语言叙述了谢安得知胜利喜讯时的表现，鲜明地刻画了谢安的精神面貌和性格特点，谢公在大兵压境时沉着冷静，在喜讯到来时举止如常，可见其宽阔的胸怀，智者的风范。

【思考题】

1. 谢公得知重大喜讯时神情自若、举止如常，这可给我们什么启示？

2. 翻译句子。

徐向局

3. 用自己的话分析谢安的性格特点。

【参考答案】

1. 要正确对待点滴进步，在成绩面前力戒骄傲自满。 2. 态度从容地向着棋局下棋。 3.（见简析）。

（胡光明）

大树将军

(冯)异为人谦退不伐[1],行与诸将相逢,辄[2]引车避道。进止皆有表识[3],军中号为整齐。每所止舍[4],诸将并坐[5]论功,异常独屏[6]树下,军中号曰“大树将军”。及[7]破邯郸[8],乃更部分诸将[9],各有配隶[10]。军士皆言愿属[11]大树将军。光武以此多之[12]。

(范晔《后汉书·冯异传》)

【注释】

①[不伐]不称道自己的好处。伐,自我夸耀。 ②[辄]就。 ③[表识(zhì)]标帜。“识”同“帜”。 ④[每所止舍]每当到了宿营地。 ⑤[并坐]坐在一块。 ⑥[屏]退避。 ⑦[及]等到。 ⑧[邯郸]即今河北省邯郸市。 ⑨[更部分诸将]安排各个将领的任务、工作。 ⑩[配隶]分配部署。 ⑪[属]附属。 ⑫[以此多之]因这个原因推重他。多:推重,赞美。

【译文】

冯异为人谦逊,从不自我夸耀,出行的时候若与别的将军对面相逢,就带开马车让路。他带领的部队行止进退都有标志性的旗帜,号令分明,在各部队中号称整齐。每当宿营时,将领们坐在一起,总是争说自己的功劳,冯异却常常一个人躲在树下休息,部队里送他个美称叫“大树将军”。攻入邯郸后,(光武帝)给将领们重新分配任务,对部队也重新安排部署。这时,下级官兵都说愿意在“大树将军”麾下。光武帝因此很推重他。

【简析】

本文在叙事过程中语言简洁、明快,重点突出。为了表现冯异的谦虚及得人心,用了正面描写和侧面描写相结合的方法,充分体现了冯异的为人及对他这种做法的肯定。

内容方面,文章开头就指出冯异为人谦逊,并用他出行时与人相逢就引车避让来加以证明。谦虚是一种美德,但仅有谦虚的态度是不够的,冯异还非常有才能。他治军有方，所带部队声名远扬，并战功赫赫。每当诸将在一起论功时，他却从不参与，而是一个人退避到树下独坐，“大树将军”由此得名。文中用“军士皆言愿属大树将军”及光武帝对冯异的推重，更充分体现了冯异的德才兼备。

后人常用“大树将军”比喻赞美带兵将领不居功自傲。

【思考题】

1. 将士们为何称冯异为“大树将军”？

2. 文中用几件事表现了冯异的谦逊？

3. 文中写（他带的部队）“进止皆有表识，军中号为整齐”，有什么作用？

4. 翻译句子。

①每所止舍，诸将并坐论功，异常独屏树下，军中号曰“大树将军”。

②军士皆言愿属大树将军。

【参考答案】

1. 每所止舍，诸将并坐论功，异常独屏树下，军中号曰“大树将军”。 2. 两件事。①“行与诸将……避道”。②“每所止舍……号曰‘大树将军’。” 3. 说明冯异不但有谦虚的美德，而且治军有方，表现他有才能却不张狂自傲的性格。 4.（略）。

（张　艳）

杨震拒贿

(杨震)四迁荆州刺史、东莱太守①。当之②郡,道经昌邑③,故所举荆州茂才④王密为昌邑令,谒见,至夜怀金十斤以遗震。震曰:“故人⑤知君,君不知故人,何也?”密曰:“暮夜无知者。”震曰:“天知,神知,我知,子知。何谓无知!”密愧而出。

(范晔《后汉书·杨震传》)

【注释】

①[荆州刺史、东莱太守]荆州刺史,荆州的监察官员。东莱太守,东莱郡的首席行政官员。 ②[之]动词,去、到。 ③[昌邑]县名。 ④[茂才]即“秀才”。 ⑤[故人]老朋友。

【译文】

杨震第四次升迁,由荆州刺史转任东莱郡太守。当杨震到东莱就任时,途中经过昌邑县,原来他在荆州时荐举的秀才王密正在此地当县官,王密便进见(恩师)。到夜间王密怀揣十斤黄金来送给杨震。杨震说:“作为老友,我是很了解您的;可您怎么这样不了解我呢?”王密说:“夜深了,没人知道这事。”杨震说:“天知道,神知道,我知道,你知道。怎能说没人知道!”王密羞愧地离开了。

【简析】

本文叙述了杨震拒收王密贿赂的经过,塑造了杨震清正、廉洁、智慧的形象。语言凝炼、概括、清新、流畅。人物的语言虽仅一两句,但却逼真形象、恰如其分地揭示出人物的身份和性格特征。杨震的谦恭、智慧、清正、廉洁与王密的狡猾、势利、善辩、逢迎,两种截然不同的性格形成了鲜明的对比。由此不难悟出,杨震之所以能被四次提升内因于此。其清正、廉洁足以让当今为官者鉴。同时,他的“天知,神知,我知,子知。何谓无知”更是巧妙地化解了王密“暮夜无知者”的诡辩,其智慧亦令人叹服。

【思考题】

1. 杨震同王密之间是什么关系？

2. 王密为何深夜怀揣十斤黄金送给杨震？

3. 杨震如何应对王密“暮夜无知者”的辩解（用原文语句回答）？

4. 读完此文后有何感想？

【参考答案】

1. 杨震同王密是师生关系，也是一种政治关系。 2. 王密深夜送金的目的是“暮夜无知者”，更能达到自己被提升的目的。 3. 杨震以“天知，神知，我知，子知。何谓无知”应对。 4. 可从正（杨震）反（王密）两个方面谈开，言之有理即可。

（焦玉彬）

王充求学

王充①字仲任，会稽上虞②人也，其先自魏郡元城徙焉③。充少孤④，乡里称孝。后到京师⑤，受业太学⑥，师事扶风班彪⑦。好博览而不守章句。家贫无书，常游洛阳市肆，阅所卖书，一见辄能诵忆，遂博通众流百家之言。

（范晔《后汉书·王充传》）

【注释】

①［王充］东汉时期著名的唯物主义思想家。主要著作是《论衡》，认为天是自然存在，世上根本没有鬼神存在。 ②［会（kuài）稽上虞］当今浙江省南部绍兴一带。 ③［徙焉］迁居到这里。 ④［孤］幼年丧父或父母双亡。 ⑤［京师］首都。东汉的首都是洛阳。 ⑥［太学］汉朝以传授知识、研究专门学问为主要内容的最高学府。 ⑦［班彪］当时的著名学者、史学家。《汉书》是他草创的。

【译文】

王充字仲任，是会稽郡上虞县人，他的祖辈从魏郡元城迁居到这里来。王充幼年丧父，尽心奉养母亲，乡里人都说他很孝顺。后来到了京城。进太学求学，拜著名学者班彪为师。他喜欢广泛的阅读，而且不局限于对章句的背诵。可他家境贫寒，无书可读，于是常去洛阳的书铺，看所卖之书。由于他记忆力惊人，看一遍就能背诵，终于他很快就通晓了诸子百家的著作。

【简析】

本文虽篇幅短小，但蕴含着王充成功的三个要素：孝、创新精神和勤奋。孝为人之本，身体发肤受之于父母，父母是至亲至爱之人，如果对自己的亲生父母都无尽孝之心、负责之意，更何谈对他人、对集体、对国家、对社会之责呢？王充之所以有不与时苟合、充满战斗的批判精神，正是源于他对社会的责任感，更是源于他的孝。王充“好博览而不守章句”是对当时严守师法家学风的反抗，体现出了他的不甘于传统的束缚，敢于创新的精神，也正是基于这一点，才形成了后来王充对儒学正宗的叛逆精神，以及不完全受孔孟支配的批判精神。勤奋是王充不断扩大知识积累的有力保证,这为他成为思想家、教育家奠定了坚实的知识基础。这三个要素,正是作者思想的体现,作者通过此文引导读者去感悟、去体验。

【思考题】

1. 王充读书的喜好是什么?

2. 王充是如何解决"无书可读"这一难题的?

3. 这篇短文对你有什么启迪?

【参考答案】

1. 王充读书的喜好是"好博览而不守章句"。 2."常游洛阳书肆,阅所卖之书",就这样王充解决了"无书可读"的难题。 3. 可从"孝""创新精神""勤奋"三方面谈起,也可选择其一,或另辟角度谈论。

(焦玉彬)

戒兄子严等书

龙伯高[①]敦厚周慎，口无择言[②]，谦约节俭，廉公有威，吾爱之重之，愿汝曹[③]效之。杜季良[④]豪侠好义，忧人之忧，乐人之乐，清浊无所失[⑤]，父丧致客，数郡毕至，吾爱之重之，不愿汝曹效也。效伯高不得，犹为谨敕之士，所谓刻鹄[⑥]不成尚类鹜[⑦]者也。效季良不得，陷为天下轻薄子[⑧]，所谓画虎不成反类狗者也。

（范晔《后汉书·马援传》）

【注释】

①[龙伯高]龙述，字伯高。 ②[择言]能被人挑出毛病的话。 ③[汝曹]你们这些人。“曹”指一类人。 ④[杜季良]杜保，字季良。 ⑤[清浊无所失]清浊指人品。清，指品德高尚的人；浊，指品德低下的人。无所失，指都交往。 ⑥[鹄(hú)]天鹅。 ⑦[鹜(wù)]鸭子。 ⑧[轻薄子]行为不端的年青人。

【译文】

龙伯高为人厚道谨慎，说话小心，谦逊节俭，廉洁奉公，很有威信，我喜欢他看重他，希望你们这一辈人学习他。杜季良豪爽侠义爱讲义气，能与人同忧共乐，各种人他都结交，他父亲出殡时附近几郡的人全到了，我喜欢他看重他，却不愿你们这辈人学习他。学龙伯高不到家，还是个谨慎小心洁身自好的人，好比雕刻一只天鹅，雕得即使不像，还像只鸭子。学杜季良倘不到家，可能堕落成行为不端之人。正如画老虎不像，反而像只狗啊。

【简析】

马援这番话介绍了自己敬重的两个人——龙伯高和杜季良，随后指出了“愿汝曹”效前者而不效后者的原因。发人深省，催人自思。介绍两人时，以四字短句为主，正面介绍，工整流畅，节奏明快。释因时，运用对偶的长短句，从反面谈学习的后果，对比鲜明，跌宕起伏。两相配合，高低错落，长短相间，给人以听觉上的愉悦之感，如山间溪流时而平静，时而跳跃，让人欣然受之，文中的两个比喻用得也是恰到好处，通俗、贴切、形象、直观地表达出了难以言述的道理，让人在不知不觉的感悟中心领神会。

【思考题】

1. 龙伯高身上有哪些优秀品质？

2. 为什么说“杜季良豪侠好义”？

3. 你对杜季良的“清浊无所失”有何看法？

4. 对龙伯高和杜季良，马援都“爱之重之”，为什么会有“愿汝曹”效与不效之别呢？

【参考答案】

1. 龙伯高敦厚周慎，口无择言，谦约节俭，廉公有威。 2. 杜季良忧人之忧，乐人之乐。 3.（不局限于对错，言之有理即可）。 4. 因为“效伯高不得，犹为谨敕之士，所谓刻鹄不成尚类鹜者也。效季良不得，陷为天下轻薄子，所谓画虎不成反类狗者也”。所以有“效”与“不效”之别。

（焦玉彬）

薏苡明珠

初，（马）援在交阯①，常饵②薏苡实③，用④能轻身省欲，以胜瘴气。南方薏苡实大，援欲以为种，军还，载之一车。时人以为南土珍怪，权贵皆望之。援时方有宠，故莫以闻。及卒后，有上书之谮⑤者，以为前所载还皆明珠文犀⑥。马武与于陵侯⑦侯昱等皆以章⑧言其状，帝⑨益怒。

（范晔《后汉书·马援传》）

【注释】

①[交阯]汉代西南地区的一个郡，所辖包括今越南的一部分。 ②[饵]吃。 ③[薏苡(yì yǐ)实]就是中药薏苡仁，又名薏仁米，也可煮粥喝。 ④[用]因为，由于。 ⑤[谮(zèn)]说坏话诬陷别人。 ⑥[文犀(xī)]中心有纹的犀角，是贵重难得之物，与明珠同产于南方地区。 ⑦[侯]秦汉以后仅次于王的爵位。 ⑧[章]奏章。 ⑨[帝]即汉光武帝刘秀。

【译文】

当初马援在交阯的时候，常吃薏苡仁，因为它能使人身轻气爽净心养性，又预防瘴气。南方的薏苡仁特别大，马援想留做种子，在部队返回京城时，装运了一大车回来。当时人们都认为是南方的奇异珍宝，权贵们看着眼红，都想捞一点。那时马援正得到朝廷宠幸，所以没有人敢说出口来。等到马援病死后，就有人上书皇帝诬陷马援，认为他以前从南方运载回来的都是珍珠文犀等珍宝。山都侯马武和于陵侯侯昱等人也都上奏章报告了解的情况，皇帝更加恼怒了。

【简析】

误将薏苡当珍珠文犀，是我国历史上的著名冤案之一，也是很有名的一个典故。人们多用“薏苡明珠”指清白的人被猜疑、诬陷，蒙冤受屈。马援是东汉初期的功臣，对光武帝刘秀忠心耿耿，屡次南征北伐，为东汉政权的稳定立下了汗马功劳，最后以老迈之躯病死在沙场。这样的功臣，死后却遭人诬陷，这就充分暴露了封建社会的腐朽黑暗、是非颠倒，以及封建官吏的贪婪和虚伪。也让我们看到了封建社会的世态炎凉，真是“人情旦暮有翻覆，平地倏忽成山溪”。本文叙事语言简洁流畅；用语准确鲜明，如一个“望”字，尽显权贵们的贪婪之相。

【思考题】

1. 下面句中的“之”与“权贵皆望之”句中“之”用法意思相同的一项是(　　)

A. 辍耕之垄上　　　　　　B. 何陋之有

C. 载之一车　　　　　　　D. 医之好治不病以为功

2. 马援为什么常吃薏苡仁，又为什么“军还，载之一车”？

3. “薏苡明珠”这个典故的意思是什么，它暴露了当时怎样的社会现实？

【参考答案】

1. C。　2. 用能轻身省欲，以胜瘴气。南方薏苡实大，援欲以为种。　3. 清白的人被猜疑、诬陷，蒙冤受屈；腐朽黑暗，是非颠倒。

（曲　艳）

冯绲辩奸

冯绲父焕为幽州刺史①，疾忌奸恶，数②致③其罪。怨者乃诈作玺书④谴责⑤焕，赐以欧刀⑥。又下辽东都尉⑦庞奋使行刑⑧。奋即收⑨焕，焕欲自杀。绲疑诏文⑩有异，止焕曰："大人⑪在州，志欲去恶，实无他故，必是凶人妄诈，规肆⑫奸毒，愿以事白上⑬，甘罪无晚。"焕从其言，上书自讼⑭，果诈者所为，追奋抵罪。绲由是知名。

（范晔《后汉书 · 冯绲传》）

【注释】

①［刺史］官名。一州的监察官，后来也管行政。 ②［数］列举罪状加以责备。 ③［致］尽，极。 ④［玺书］盖有皇帝玺印发出的诏书。 ⑤［谴责］古代专指在上位的人或长辈责备下属、晚辈。 ⑥［欧刀］杀人行刑或自杀用的刀。 ⑦［都尉］掌管一个郡军事的军官。 ⑧［行刑］这里特指执行死刑。⑨［收］逮捕。 ⑩［诏文］指诏书的文字内容。 ⑪［大人］古代对尊长的敬称。这里特指其父。 ⑫［规肆］规，通"窥"，意为"偷偷地，暗中"。肆，胡来乱干。规肆，暗中使坏招。 ⑬［白上］向皇帝报告。 ⑭［讼］辩冤。

【译文】

冯绲的父亲冯焕做幽州刺史的时候，非常憎恨奸邪凶恶的人，对他们的罪行总是穷追深究，一点也不宽恕。仇恨他的人就假造了一封皇帝的诏书，谴责冯焕，并给他一把行刑的刀。又下达一道命令给辽东都尉庞奋，让他对冯焕执行死刑。庞奋马上逮捕了冯焕，冯焕想自杀。冯绲怀疑这诏书有假，劝阻冯焕说："大人在幽州当刺史，下决心要除尽恶人，确实没有别的问题，这一定是凶恶的人胡蒙乱诈，暗中使坏，想把父亲害死，希望您把这件事报告皇帝，到那时再甘心服罪也不晚。"冯焕听从了他的话，上书皇帝自己辩冤，后查明果然是骗子干的，追究责任，将庞奋抵罪。冯绲从此出了名。

【简析】

本文开头在简要交代了冯绲的父亲冯焕遭人陷害的原因、经过后，马上把写作重点放在冯绲身上。文章通过对冯绲的语言描写,表现了冯绲聪明而又沉着的优良品性。在家庭遭此重大灾难面前,能如此冷静地面对厄运,沉着分析事态,用自己的聪明才智识破奸计,想出解救之法,挽救了父亲的生命,见识的确过人。

本文语言简洁。紧紧围绕中心选取材料,叙述有详有略,并略去了与主题无关的情节,这种写法值得学习。

【思考题】

1. 冯绲为什么认为诏书有诈(用原文语句回答)?

2. 冯绲辩奸的故事,表现了冯绲的哪些优秀品质?

3. 读了这个故事,你从中得到了什么教益?

【参考答案】

1. 大人在州,志欲去恶,实无他故。 2. 沉着镇定,聪明机敏。 3. 在灾难挫折面前,惊慌失措,懦弱畏惧,是于事无补的,要沉着镇定,勇敢面对,才能摆脱困境,战胜厄运,有所作为。

(曲 艳)

李恂不受馈

李恂字叔英，安定临泾人也。……拜兖州刺史①，以清约⑧率③下，常席羊皮，服布被。迁张掖太守④，有威重名。时大将军窦宪将兵屯武威，天下州郡远近莫不修礼遗⑤，恂奉公不阿，为宪所奏免。

后复征拜谒者⑥，使持节领西域副校尉⑦。西域殷⑧富，多珍宝，诸国侍子⑨及督使⑩贾⑪胡数遗恂奴婢、宛马、金银、香罽⑫之属，一无所受。

（范晔《后汉书·李恂传》）

【注释】

①[刺史]当时是一个州的监察官。 ②[清约]清廉俭约。 ③[率]表率。 ④[太守]一个郡的行政长官。 ⑤[遗(wèi)]赠送，给予。 ⑥[谒(yè)者]官名，皇帝的近侍官。 ⑦[使持节领西域副校尉]官名，掌管玉门关以西非汉族地区军政大权。使持节，魏晋南北朝时，掌地方军政的官往往加使持节的称号，给以诛杀中级以下官吏大权。领，兼任。⑧[殷]富足。 ⑨[侍子]古代诸侯或属国的首领派儿子入朝侍奉皇帝，叫侍子。 ⑩[督使]主持出使各少数民族国家的使者。 ⑪[贾(gǔ)]商人。 ⑫[罽(jì)]用毛做成的毡子一类的东西。

【译文】

李恂，字叔英，是安定临泾人氏。……他做兖州刺史时，因清廉俭约堪称下属表率，座席上铺的是羊皮褥子，盖的是麻布被子。后来转任张掖太守，有威严沉毅的名声。当时大将军窦宪统率军队驻扎在武威，全国各地官吏不论远近没有不敬献礼品表示敬意的，只有李恂廉洁奉公不趋炎附势，被窦宪上奏免了官。

后来他又被征召做谒者，奉派出任西域副校尉。西域很富庶，有很多奇珍异宝，各诸侯国王子和使者以及外国商人多次赠送给他男女奴隶、大宛名马、金银、香料、毛毯之类的东西，他一样也不接受。

【简析】

本文按时间顺序记述了东汉李恂为官时的三件事，从三个不同的侧面表现了李恂廉洁奉公、刚直不阿、不媚事权贵的高贵品质。这则短文也体现出了《后汉书》作者范晔“贵德义,抑势利”的思想。

本文围绕中心选取的事例都很典型,因此,虽说叙述很简明概括,但也把李恂的性格特征表现得鲜明突出。值得一提的是,文章为了突出李恂的刚直不阿,以“天下州郡远近莫不修礼遗”和“恂奉公不阿”形成鲜明的对比,给读者以深刻的印象。另外,文章语言的净洁流畅也值得称道。

【思考题】

1. 下列句中加点字的用法判断正确的一项是(　　)

①诸国侍子及督使贾胡数遗恂奴婢

②又数刀以毙之

③以清约率下

④不以物喜,不以己悲

A. ①与②相同,③与④也相同

B. ①与②相同,③与④不同

C. ①与②不同,③与④相同

D. ①与②不同,③与④也不同

2. 本文记叙了李恂为官时的哪三件事,请用简洁的语言加以概括。

3. 李恂虽是封建时代的官吏,但他所具有的什么品质是值得我们肯定的?

【参考答案】

1. C。 2. ①李恂拜兖州刺史时生活清廉节俭。 ②迁张掖太守时,奉公不阿,不谄媚窦宪。 ③出任西域副校尉时,坚决不收受丰厚的贿赂。 3. 清正廉洁,刚直不阿。

(曲　艳)

户枢不蠹[1]

广陵吴普[2]、彭城樊阿[3]皆从佗学。普依准[4]佗疗，多所全济[5]。佗语普曰：“人体欲得劳动，但不当使极[6]耳。动摇[7]则谷气得销，血脉流通，病不得生。譬犹户枢[8]终不朽也。是以古之仙者[9]为导引之事[10]，熊径[11]鸱顾[12]，引挽腰体，动诸[13]关节，以求难老。吾有一术，名五禽之戏：一曰虎，二曰鹿，三曰熊，四曰猿，五曰鸟。亦以除疾，兼利蹄足，以当导引。体有不快，起作一禽之戏，怡而汗出，因以著粉[14]，身体轻便而欲食。”普施行之，年九十余，耳目聪明，齿牙完[15]坚。

（范晔《后汉书·方术传》）

【注释】

①[蠹(dù)]蛀蚀，虫蛀。 ②[广陵吴普]广陵人吴普。广陵在今江苏扬州一带。 ③[彭城樊阿(ē)]彭城人樊阿。彭城在今江苏徐州一带。 ④[依准]依照，以……为准则。⑤[济]救助。 ⑥[极]这里是过度的意思。 ⑦[动摇]运动。 ⑧[户枢]旧式门上的转轴。 ⑨[仙者]修仙的人，学习长生不老术的人。 ⑩[导引之事]一种活动筋骨锻炼身体的方法。 ⑪[熊径]像熊一样四肢攀枝悬挂。 ⑫[鸱(chī)顾]像鸟一样身不动而回顾。⑬[诸]相当于“于”。 ⑭[著(zhuó)粉]指扑粉。著，附着。 ⑮[完]齐全，完整。

【译文】

广陵人吴普和彭城人樊阿都曾跟着华佗学医。吴普依照华佗的治疗方法治愈了许多病人。华佗教导吴普，说：“人的身体应该经常运动，只是不宜过度罢了。运动可以促进食物消化和血液流通，从而使人不易生病。这就好比那些经常转动的门轴是始终不会被虫子蛀坏的。因此古代那些求仙的人勤作导引，锻炼身体，他们像熊一样攀枝悬挂，像鸟一样左顾右盼，还牵引腰干，活动关节，以求延年益寿。我也创出一套动作，叫五禽戏：一是虎戏，二是鹿戏，三是熊戏，四是猿戏，五是鸟戏。经常做五禽戏，可以祛除病痛，锻炼腿脚，达到导引的功效。身体不舒服时，起来做一种动作，等到舒舒服服出身汗，再扑些爽身粉，就会觉得全身轻快，胃口大开了。”吴普按照华佗传授的方法进行锻炼，九十多岁了还耳聪目明,牙齿坚固。

【简析】

本文不仅叙述了“五禽戏”的由来、内容和效果,而且阐明了一个至今仍不断印证的道理:生命在于运动。文中先提出明确观点:“人体欲得劳动,”再讲道理、摆事实分析这一观点,最后谈解决的方法,思路缜密,条理清晰。尤其是其中使用的设喻,用“户枢终不朽也”来比喻人体活动则“病不得生”,说理通俗精当,形象生动,“户枢不蠹”已成为人们熟知的成语。

【思考题】

1. 本文用什么方法来塑造华佗的形象?

2. 写吴普对塑造华佗形象有怎样的作用?

3. 与本文成语“户枢不蠹”相对应的成语是什么?这句成语蕴含的哲理在现实中也有具体体现,请举出实例说明。

【参考答案】

1. 语言描写。 2. 验证五禽戏的疗效,烘托华佗医术的高明。 3. 流水不腐。(举例略)。

(董 璐)

梁上君子

寔[①]在乡间，平心率物[②]，其有争讼，辄求判正，晓譬[③]曲直[④]，退无怨者。至乃叹曰："宁为刑罚所加，不为陈君所短。"时岁荒民俭，有盗夜入其室，止于梁上。寔阴见[⑤]，乃起自整拂[⑥]，呼命子孙，正色训之曰："夫[⑦]人不可不自勉。不善之人未必本恶，习以性成，遂至于此。梁上君子者是矣！"盗大惊，自投于地，稽颡[⑧]归罪。寔徐譬之曰："视君状貌，不似恶人，宜深剋己[⑨]反善。然此当由贫困。"令遗[⑩]绢二匹。自是一县无复盗窃。

（范晔《后汉书・陈寔传》）

【注释】

①[寔]陈寔，字仲弓。 ②[率物]做人们的表率。 ③[晓譬]晓，明白地，清楚地。譬，详细说明。 ④[曲直]正确与错误。 ⑤[阴见]暗中看见。 ⑥[整拂]整理拂拭衣裳。 ⑦[夫]语气词，用于句首，表示下面要发议论。 ⑧[稽颡]古代的一种跪拜礼，屈膝下跪，以额触地，表示极度悲痛或感谢。稽(jī)，磕头至地。颡(sǎng)，额。 ⑨[剋己]剋同"克"。剋己，克服个人不正当的欲望。 ⑩[遗(wèi)]赠送。

【译文】

陈寔在家乡，秉心公正，为人表率。若有争论是非的，每每就到他那里求个公正判断，他一定据理详细说明对错。当事双方都心悦诚服，事后也没有什么异议。有人甚至说："情愿被官府惩罚，也不愿意被陈先生说声不是。"有一段时期，年成不好，老百姓穷困，有个小偷溜进陈寔家里，躲在屋梁上。陈寔暗中看见了，就起身整顿好衣服，把子孙都召集起来严肃地教训他们说："一个人不能不自己努力求上进。干坏事的人，也不是天生就坏，只是长期习惯于那样干，才逐渐达到这地步。梁上的先生就是这样的人。"小偷听了，非常惊慌，从梁上跳了下来，向陈寔叩头请罪。陈寔慢慢地给他讲道理，说："看你的样子，不像是个坏人，应该赶紧改掉自己的坏毛病，重新做个好人。你干这个是被穷困所迫罢。”吩咐取出两匹绢送给他。从此以后，全县盗贼绝迹。

【简析】

陈寔是东汉末年颖川许（今河南省许昌县）人。自幼有志好学，坐立诵读。曾任地方官吏，后避隐阳城山中。他一生为人心地宽厚，处事公正，德行远播，深得人们的信赖和敬重。陈寔对后辈要求严格，又讲究方式方法，特别注重以德服人。

文中的梁上君子并非邪恶之徒，他不过是被“岁荒民俭”的形势所迫，不得已而出此下策。陈寔看其本质，因势利导，结果使其痛改前非，重新做人。

文章将深刻的哲理蕴含于平淡自然的叙事中，具有较强的说服力。

【思考题】

1. 陈寔教育帮助梁上君子的故事可使我们悟出一个什么道理，对待犯了错误的人应采取什么样的态度和方法？

2. 人们常用“梁上君子”来比喻什么样的人？

3. 文中的哪句话突出表现了人民群众对陈寔的信服和敬重？

4. 翻译下边的两句话。

①不善之人未必本恶。

②寔徐譬之。

【参考答案】

1. 教人要教心。动之以情，晓之以理。 2. 盗贼。 3.“宁为刑罚所加，不为陈君所短。” 4. ①不好的人不一定本来就坏。 ②陈寔慢慢地开导他。

（胡光明）

乐羊子妻

河南[1]乐羊子[2]之妻者,不知何氏[3]之女也。

羊子尝行路,得遗金[4]一饼[5],还以与妻。妻曰:“妾[6]闻志士不饮‘盗泉’[7]之水,廉者[8]不受‘嗟来之食[9],况拾遗[10]求利以污其行乎?”羊子大惭,乃捐[11]金于野,而远寻师学。

一年来归,妻跪问其故。羊子曰:“久行怀思,无它异[12]也。”妻乃引[13]刀趋[14]机而言曰:“此织[15]生自蚕茧,成于机杼[16]。一丝而累[17],以至于寸;累寸不已[18],遂成丈匹。今若断斯织也,则捐失成功[19],稽[20]废时日,夫子[21]积学[22],当‘日知其所亡[23]’,以就懿德[24];若中道[25]而归,何异断斯织乎?”羊子感其言,复还终业[26]。

(范晔《后汉书·列女传》)

【注释】

①[河南]在现在河南省洛阳市一带。 ②[乐(yuè)羊子]人名,姓乐,名羊子。 ③[何氏]什么姓的人家。 ④[遗金]丢失的金子。 ⑤[一饼]一块。饼,量词。 ⑥[妾]古代女子的谦称。 ⑦[盗泉]泉名,在现在山东省泗水县东北。 ⑧[廉者]廉洁的人。 ⑨[嗟来之食]原是说富人以傲慢的态度拿东西给穷人吃。指不礼貌的施舍。来,语助词,无意义。 ⑩[拾遗]拾到别人遗失的东西。 ⑪[捐]扔掉。 ⑫[异]特殊,在这里作名词,意思是“特殊的事”。 ⑬[引]拿。 ⑭[趋]快步走向,向……走。 ⑮[织]织布机上的织物。 ⑯[机杼]杼,织布机的梭子。机杼,指织布机。 ⑰[累]积累。 ⑱[已]止,停止。 ⑲[成功]已成的功绩。 ⑳[稽(jī)]迟延。 ㉑[夫子]古代妇女对作为知识分子的丈夫的敬称。 ㉒[积学]从事学习。积,积累。 ㉓[亡(wú)]同“无”。 ㉔[懿(yì)德]美德。 ㉕[中道]中途。 ㉖[终业]修完学业。

【译文】

河南乐羊子的妻子,不知道是哪一姓人家的女儿。

羊子曾经在走路时,拣到一块别人丢失的金子,回来把它交给妻子。妻子说:“我听说,有志气的人不喝‘盗泉’的水,廉洁的人不接受‘嗟来之食’,何况是拣取别人的失物贪求利益而玷污了自己的品行呢?”羊子非常惭愧,就把金子丢到野外,然后到远方寻找老师求学去了。

一年后,乐羊子回来。妻子跪着问他回来的原因。羊子说:“出门久了,很是想家,没有别的特殊的事情。”妻子就拿起刀来,走到织布机前,说道:“这些织物是从养蚕抽茧开始,在织布机上织成。一根丝一根丝地积累起来,直到成寸,一寸一寸不断地积累,才成丈成匹。现在如果割断这个织物,就丧失了成功的机会,迟延荒废了时光。你要积累学问,应当‘每天学到自己所不知道的东西’,用来成就美德;如果中途回来,跟割断这个织物有什么不同呢?”羊子被她的话感动了,又回去修完学业。

【简析】

本文为人物史传,在短小的篇幅中,用两件典型事例,表现古代劳动妇女洁身自爱、才识过人的美德,进而阐述廉洁正直、学有恒心等中华民族的高尚道德,使之永载史册,在后世被传颂并发扬光大。本文通过对话集中表现人物的性格。对话中有引用典故,有巧设比喻,有古代贤人与自身对比,有深刻的启发和有力的反问。这样,不仅反映了乐羊子妻的远见卓识,也使文章阐发的道理丰富感人。作品为乐羊子妻立传,同时不能不写乐羊子,但主次分明,详略得当,重点突出。以羊子的行动,衬托其妻的品格;以羊子的转变,映衬羊子妻的才识和智慧;达到了侧面映衬、“烘云托月”的效果。

【思考题】

1. 全文选取了两个典型事例,这两个典型事例分别赞扬了乐羊子妻什么精神?

2. 文中乐羊子妻引用典故的目的是什么?

3. 羊子的行动和转变对表现乐羊子妻的品格有什么作用?

【参考答案】

1. 文中选取两个事例,第一个事例赞扬乐羊子妻洁身自爱、不贪财的好品德,第二个事例赞扬乐羊子妻的才识过人。 2. 乐羊子妻引用典故的目的是劝诫丈夫廉洁正直、学有恒心。 3. 羊子的行动和转变对表现乐羊子妻的品格起侧面映衬的作用。

(盛文红)

折　箭

阿豺①有子二十人。阿豺谓②曰:“汝等③各奉④吾一支箭。”折⑤之地下。俄而⑥命母弟慕利延曰:“汝取一支箭折之。”慕利延折之。又曰:“汝取十九支箭折之。”延不能折。阿豺曰:“汝曹⑦知否?单者易折,众则难摧⑧,戮力⑨一心,然后社稷⑩可固⑪。”

(《魏书·吐谷浑传》)

【注释】

①[阿豺]南朝刘宋时西北方(约在今甘肃西南和青海一带)少数民族吐谷(yù)浑的首领。“豺”也做“柴”。　②[谓]告诉,对……说。　③[等]用在人称代词或指人的名词后,表示多数或列举未尽。汝等,你们。　④[奉]呈献。　⑤[折]折断。　⑥[俄而]一会儿。　⑦[汝曹]你们。　⑧[摧]折。　⑨[戮(lù)力]合力,共同尽力。　⑩[社稷]社,土神。稷,谷神。社稷,古代用作国家的代称。　⑪[固]坚固,巩固。

【译文】

吐谷浑的首领阿豺有二十个儿子。有一天,阿豺对他们说:“你们每人给我拿一支箭来。”阿豺接了箭就一一折断了扔在地下。隔了一会儿,阿豺叫来他的弟弟慕利延,对他说:“你拿一支箭来把它折断。”慕利延把那支箭折断了。阿豺又说:“你这回拿十九支箭把它们一块儿折断。”慕利延办不到。阿豺说:“你们知道吗?一支箭是容易折断的,许多箭合在一起就很难折断了。所以,只有大家齐心协力,我们的国家才能巩固。”

【简析】

《魏书》是北齐魏收所著的一部史书,全书共130卷,内容大致记载了公元4世纪末至6世纪中叶的北魏王朝的兴亡史。魏收(505~572),字伯起,钜鹿(今河北省平乡一带)人。北齐著名史学家。

本文所选故事,发生在吐谷浑首领阿豺临终之前。阿豺用“单者易折,众则难摧”设喻,告诫他的儿子们要齐心协力,共同把国家治理好。这种说理的方法形象、生动，观点鲜明、突出，富于哲理和教育意义。这种设喻说理的方法是文言文中经常使用的一种方法。

【思考题】

1. 本文的中心论点是什么？

2. 本文以折箭来说明道理，这样写的好处是什么？

3. 翻译下面的话。

单者易折，众则难摧，戮力一心，然后社稷可固。

4. 从阿豺的话里，我们可以悟出一个有启发意义的真理。这个真理是什么？

【参考答案】

1. 本文的中心论点是：戮力一心，然后社稷可固。 2. 这样写，形象、生动，阐述道理易于理解和接受。 3. 一支箭是容易折断的，许多箭合在一起就很难折断了。所以，只有大家齐心协力，我们的国家才能巩固。 4. 分裂、孤单容易失败；只有团结，集体才能长保胜利。

（朱凌凌）

二人并走

(前秦苻融[①]为冀州牧[②])有老姥[③]遇劫于路,唱贼[④],路人为逐[⑤]擒之。贼反诬[⑥]路人,时已昏黑,莫知其孰是[⑦],乃俱送之。

融见而笑曰:"此易知耳,可二人并走[⑧],先出凤阳门者非贼。"既而还[⑨]入,融正色[⑩]谓后出者曰:"汝真贼也,何诬人乎[⑪]?"贼遂服罪。盖以[⑫]贼若善走,必不被擒,故知不善走者贼也。

(《晋书·苻融传》)

【注释】

①[苻融]十六国时前秦大臣,苻坚少弟,精于骑射,封阳平公。 ②[冀州牧]冀州,指现在河北省一带。州牧是一州的行政长官。 ③[姥(mǔ)]年长的妇人。 ④[唱贼]拉长声音喊"有贼"。 ⑤[逐]追赶,追逐。 ⑥[诬]捏造罪状陷害人。 ⑦[莫知其孰是]莫,无定代词,意为"没有谁,没有哪个"。其,表"其中"之意。孰,哪一个。莫知其孰是,没有人知道其中哪个是强盗。 ⑧[走]跑。 ⑨[还]返回。 ⑩[正色]神色庄重,态度严肃。 ⑪[何诬人乎]为什么诬赖别人呢? ⑫[以]因为。

【译文】

(前秦苻融做冀州牧的时候,)有个老婆婆在路上遇到抢劫的,她就拉长声高喊"捉强盗呀"。有个过路的人闻声追赶,替她把强盗捉住了。谁知强盗反诬赖这个过路的人是强盗。当时天色已经昏黑,谁也分不清他们之中哪个是强盗,于是便一起被捉送到官府那里去。

苻融看见他们就笑着说:"这事容易搞清楚嘛,可叫这两个人赛跑,先出凤阳门的就不是强盗。"他们跑完又回到州衙门里来,苻融就严肃地对那个后跑出凤阳门的人说:"你才是真正的强盗啊!为什么要诬赖别人呢?"强盗就只好认罪。原来,假如那个强盗跑得快的话,就决不会被过路的人追上捉住,所以知道跑得不快的人是强盗。

【简析】

苻融是前秦时的车访大将军,有文才谋略尤其善于审案断狱。苻融审案往往是先仔细地察言观色,细致全面地分析当时的情形,然后抓住关键环节,很快地审明案情。本文中他通过让二人赛跑,来判断谁是盗贼的方法,看似荒唐,实际上是抓住了做案在前的贼被后来的路人所擒这一关键情节,判断出贼不善跑。以此迅速而准确地审明案情。苻融审案的方法既独特又科学,使盗贼闻风丧胆,因此在他管辖的地区出现了“盗贼止息,路不拾遗”的现象。对他审案的本领,朝中上下无不佩服,就连皇帝对他也很倚重。

本文用简洁而生动的语言表现了苻融“尤善断狱”的特点。文章开头只几句话就交待清楚了案情的经过,特别是“时已昏黑,莫知其孰是”一句突出了案子的难断。而下文中,“融见而笑曰”,一个“笑”字表现出了苻融的机智和胸有成竹。当他们跑回衙门时,苻融立刻“正色”指出后出者为贼。至此一个公正、严明、机智的审判官形象跃然纸上。

【思考题】

1. 翻译句子。

盖以贼若善走,必不被擒,故知不善走者贼也。

2.《二人并走》这个案件主要表现了苻融的什么特点?

3. 苻融断案时采用的方法对你有何启示?

【参考答案】

1.(见译文)。 2. 机智、善于断案的特点。 3. 对貌似复杂的问题,只要抓住关键环节,让事实说话,就可迎刃而解(可以多角度进行分析,答案仅供参考)。

(郭红艳)

杯弓蛇影

乐广[1]尝有亲客,久阔[2]不复来,广问其故,答曰:“前在坐,蒙赐酒,方欲饮,见杯中有蛇,意甚恶[3]之,既饮而疾。”于时[4]河南听事[5]壁上有角弓,漆画作蛇,广意杯中蛇即角影也。复置酒于前处,谓客曰:“杯中复有所见不[6]?”答曰:“所见如初。”广乃告其所以[7]。客豁然意解[8],沉疴[9]顿愈。

(《晋书·乐广传》)

【注释】

①[乐(yuè)广]字彦辅,晋朝时人,识见渊博,官至尚书左仆射。 ②[阔]久别不见。 ③[恶(wù)]厌恶。 ④[于时]在当时。 ⑤[听事]同“厅事”,官府办理政事的厅堂。 ⑥[不]同“否”。 ⑦[所以]因由。 ⑧[豁然]开朗貌,于此形容心怀舒畅。意解:想通了,放下了思想负担。 ⑨[沉疴(kē)]积久难愈的病。

【译文】

乐广曾经有一个很亲近的客人,有一次分别以后很长时间没有再来。(后来又来了,)乐广问他长久不来的原因,那个客人回答说:“前次在您这里,承蒙您给我酒喝,当我正要喝的时候,忽然看见酒杯中有一条蛇,心里就感到很厌恶,等到喝完以后就得了病。”在当时,河南地方官府办理政事的厅堂里,墙上挂有装饰着犀牛角的弓,用漆涂绘成蛇的样子,乐广猜想客人杯中的蛇可能是弓的影子。于是乐广又在以前喝酒的地方摆上酒席,请那个客人,并对他说:“你在酒杯中又看到什么没有?”客人回答说:“我又看到了以前那条蛇。”乐广于是告诉他杯中蛇的缘由,客人听了,思想疙瘩一下解开了,老病立刻就好了。

【简析】

《晋书》为唐房玄龄等撰,130 卷,是纪传体晋代史。乐广的客人误把映在酒杯中的弓影当成了蛇,以至于惊扰成疾。后以“杯弓蛇影”比喻疑神疑鬼,自相惊恐。

【思考题】

1. 根据句意解释下面句中加点的词。

①{广问其故
桓侯故使人问之

②{客豁然意解
复行数十步，豁然开朗

③{广意杯中蛇即角影也
意暇甚

2. 乐广的客人的性格特点是什么？

【参考答案】

1. ①{原因
特意　②{心怀舒畅的样子
开阔敞亮的样子　③{估计
神情

2. 疑神疑鬼，自相惊恐。

（郭隆刚）

荔枝图序[1]

荔枝生巴、峡[2]间。树形团团如帷盖[3]。叶如桂，冬青[4]；华[5]如橘，春荣[6]；实如丹[7]，夏熟。朵[8]如葡萄，核如枇杷。壳如红缯[9]，膜[10]如紫绡[11]，瓤肉莹白如冰雪[12]，浆液甘酸如醴酪[13]。大略[14]如彼[15]，其实过[16]之。若离本枝，一日而色变，二日而香变，三日而味变，四五日外，色香味尽去矣[17]。元和十五年[18]夏，南宾守[19]乐天，命工吏[20]图[21]而书[22]之，盖[23]为不识者与识而不及一二三日者云[24]。

（白居易《白香山集》）

【注释】

①[序]一种文体，常写在一部书的前面，用来说明书的内容、编写意图，以及其他有关事项。本篇序是为说明荔枝图写的。 ②[巴、峡]巴和峡，都是唐朝的州名，在现在四川省东部和湖北省西部，长江三峡一带。这里作者只说“荔枝生巴、峡间”，其实我国产荔枝的地方还有福建、广东、广西等地。 ③[帷(wéi)盖]古代一种用以遮蔽的东西。围在四周的部分叫“帷”，盖在上边的部分叫“盖”。这句是说荔枝树形如伞状。 ④[冬青]冬天还是绿的。⑤[华]同“花”。 ⑥[荣]这里是“开花”的意思。 ⑦[丹]丹砂，也叫做“朱砂”。这里是说颜色像丹砂那样红。 ⑧[朵]成簇的果实。 ⑨[缯(zēng)]丝织品的总称，相当于现在的绸。 ⑩[膜]外壳与瓤肉之间的薄膜。 ⑪[绡(xiāo)]生丝织成的绸。 ⑫[莹(yíng)白如冰雪]像冰雪一样晶莹、光洁。莹白：洁白。 ⑬[甘酸如醴(lǐ)酪(lào)]像甜酒那样甜，像奶酪那样酸。醴，甜酒。酪，牛羊乳制品，也叫“奶酪”。 ⑭[大略]大概。 ⑮[彼]那，像上边说的那样。 ⑯[过]超过，胜过。 ⑰[尽去矣]全都没有了。去：消失。 ⑱[元和十五年]就是公元820年。元和，唐宪宗的年号。 ⑲[南宾守]南宾的太守。南宾：郡名，原名忠州，今四川省忠县一带。守：太守，一州的长官，但这里是沿用汉代的称呼，唐时叫刺史，白居易于元和十四年任忠州刺史。 ⑳[工吏]管书画的小吏。 ㉑[图]画。 ㉒[书]题字。 ㉓[盖]句首发语词，无实在意义。 ㉔[云]用在句尾，表示叙述完了。

【译文】

巴、峡出产荔枝，荔枝树(的树冠)是圆形，如伞状。荔枝树叶和桂树的叶子很相似，冬天还是青的；花像桔树的花朵，春天开花；果实像朱砂那样红，夏天成熟。成簇的果实像葡萄一样,荔枝核像枇杷,外壳像红色的绸子,薄膜像生丝织的紫色的绸子。果肉像冰雪一样晶莹、光洁。果汁像甜酒那样甜,像奶酪那样酸。荔枝大概就像上边所说的那样,但实际上要更好些。如果将荔枝摘下,那么过一天颜色发生变化,过两天香气发生变化,过三天味道发生变化,放置时间长于四五天,那么颜色、香气、味道就全都消失了。元和十五年夏天,南宾太守白居易,让管书画的小吏画(《荔枝图》),白居易在上题字,写下《荔枝图序》。这是为了给没见过荔枝或虽见过但不是在采摘后三天之内见到的人们看的。

【简析】

元和十四年,白居易升任忠州(今四川忠县)刺史。诗人无事便种树栽花,怡情悦性,由于他对植物的喜爱,他在忠州种过荔枝,作《种荔枝》和《题郡中荔枝诗十八韵兼寄万州杨八使君》等诗,并为荔枝绘图,写下有名的《荔枝图序》。

本文的写作特点:

一是语言简洁,层次清楚。文章仅用 129 个字,就分别介绍了有关荔枝的知识和写此文的情况,内容丰富。

二是善于运用比喻、排比的修辞方法,这是本文的突出特点。"树形如帷盖""实如丹""壳如红缯,膜如紫绡,瓤肉莹白如冰雪""浆液甘酸如醴酪"几个比喻,突出表现了荔枝形、色、味方面的特点。一个色香味俱全的鲜荔枝跃然纸上,令人垂涎。同时运用人们熟悉的事物作比,形象鲜明,十分贴切。

荔枝不耐贮藏,文章运用"一日而色变,二日而香变,三日而味变"一组排比,既写出了荔枝的变化过程,又写出了其变化之快,突出了荔枝这一特点。

此外,文章结尾点明了作此文的目的,由此可见白居易为人的品格,"为荔枝便有一片热肠,高人不同如此。"(清王符曾《古文小品咀华》)

【思考题】

1. 解释下列句子。

①瓤肉莹白如冰雪。

②命工吏图而书之。

2. 本文运用了哪两种修辞方法,各举一例。

3. 本文写荔枝的特点是按照什么顺序写的?

4. 作者"命工吏图而书之"的目的是什么(用原文回答)?

【参考答案】

1.(见译文)。 2. 比喻、排比。比喻:"树形团团如帷盖""实如丹""壳如红缯”“膜如紫绡”“瓤肉莹白如冰雪”“浆液甘酸如醴酪”。排比：“一日而色变，二日而香变，三日而味变”；“叶如桂，冬青；华如橘，春荣；实如丹，夏熟”。 3. 由外到内。 4.“盖为不识者与识而不及一二三日者云。”

（容 昆）

永某氏之鼠

永[1]有某氏者，畏日[2]，拘忌异甚[3]。以为己生岁直子。鼠，子神也，因爱鼠，不蓄猫犬，禁僮[4]勿击鼠。仓廪庖厨[5]，悉以恣鼠[6]不问。

由是，鼠相告，皆来某氏，饱食而无祸。某氏室无完器，椸[7]无完衣，饮食，大率鼠之余也。昼累累与人兼行，夜则窃啮斗暴[8]，其声万状，不可以寝。终不厌[9]。

数岁，某氏徙[10]居他州。后来人居，鼠为态如故。其人曰："是阴类[11]恶物也，盗暴尤甚，且何以至是乎哉？"假五六猫，阖门[12]，撤瓦灌穴，购僮罗捕[13]之。杀鼠如丘，弃之隐处，臭数月乃已。

呜呼！彼以其饱食无祸为可恒也哉！

（柳宗元《柳宗元集》）

【注释】

①［永］永州，今湖南零陵县。 ②［畏日］怕犯日忌（什么日子忌做什么事），旧社会的迷信思想。 ③［异甚］特别厉害。 ④［僮］年轻的仆人。 ⑤［仓廪（lǐn）庖厨］谷仓厨房。⑥［恣鼠］任凭老鼠横行。 ⑦［椸（yí）］衣架。 ⑧［窃啮（niè）斗暴］偷咬东西，剧烈地打架。⑨［终不厌］始终不觉老鼠讨厌。 ⑩［徙（xǐ）］迁移。 ⑪［阴类］在阴暗地方活动，不敢见天日的东西。 ⑫［阖（hé）门］关起门。 ⑬［购僮罗捕］出钱雇人，四处围捕。

【译文】

永州有个人，怕犯日忌，拘束禁忌特别厉害。他认为自己出生的年份正当子年。老鼠，是子年的神，所以他非常爱护老鼠，家里不养猫狗，禁止仆人打杀老鼠。他家里的谷仓厨房，全部任凭老鼠横行而不过问。

从此，老鼠互相转告，都来到这个人家里，可以吃饱又没有危险。这个人家里没有一件完好的家具，衣架上也没有一件完好的衣服，吃的喝的，大部分是老鼠吃剩下的。大白天老鼠成群结队跟人一同行走，晚上就偷咬东西，剧烈地打架，那声音各种各样，根本无法安睡。而这个人始终不觉得老鼠讨厌。过了几年，这个人搬到其他州居住。以后别人搬到他的房子来住，老鼠的活动和过去一样。新搬来的人说："这种在阴暗地方生活的坏东西，偷盗吵闹得格外厉害，而且为什么会弄到这样严重的地步呢？"他就借来五六只猫，关起门，撤除瓦片，用水灌洞，雇人四处围捕老鼠。被打杀的老鼠堆得像小山，把它们扔在偏僻的地方，腐烂的臭气几个月才消失。

哎呀！它们以为这样吃饱而没有祸患是可以长久的啊！

【简析】

一群恶鼠，恃宠而纵，肆无忌惮，将好端端一个家糟蹋得一塌糊涂。时过境迁，忘乎所以的老鼠们终落得死无葬身之地，"臭数日乃已"的可耻下场。永某人之鼠们，当思之！戒之！

《永某氏之鼠》是柳宗元著名的讽刺寓言，与《临江之麋》《黔之驴》合称《三戒》。这则寓言重点写了恶鼠得势的为所欲为和失宠时的可耻下场，形成鲜明的对比，结尾用作者的感慨收束全篇，发人深思。

【思考题】

1. 本文叙述了一个什么故事，有何用意？

2. 结尾一句有何作用？

3. 用现代汉语表述下列句子的意思。

①仓廪庖厨，悉以恣鼠不问。

②昼累累与人兼行。

③呜呼！彼以其饱食无祸为可恒也哉！

【参考答案】

1. 叙述了一群老鼠，因主人骄纵忘乎所以自取灭亡的故事。讽刺了恃宠而骄、得意忘形之徒，揭露了封建社会官场的腐败。　2. 点明中心，发人深思。3.（见译文）。

（赵希健）

一字师

郑谷[1]在袁州，齐己[2]因携所为诗往谒焉[3]。有《早梅》诗曰："前村深雪里，昨夜数枝开。"谷笑曰："数枝非早也，不若一枝则佳。"齐己矍然[4]不觉兼[5]三衣[6]，叩地膜拜，自是士林[7]以谷为齐己一字之师。

（陶岳《五代史补》）

【注释】

①[郑谷]唐朝诗人。 ②[齐己]唐朝和尚，善诗。 ③[谒焉]拜见他。 ④[矍然]惊讶的样子。 ⑤[兼]提起。 ⑥[三衣]和尚的大衣、上衣、内衣合称三衣。 ⑦[士林]读书人之中。

【译文】

郑谷住在袁州，齐己于是带着自己的诗作前去拜见他。诗作中有一首《早梅》诗写道："前村深雪里，昨夜数枝开。"郑谷看了笑着说："数枝不能表现出早意来，不如用一枝好。"齐己惊讶不已，不由得提衣整装，举手加额长跪而拜。从此，文人间把郑谷看做齐己的一字之师。

【简析】

郑谷不愧为一位学高之师，只改一字就抓住要点，使诗的意境尽显。练字的绝妙功夫令人称奇。齐己"兼三衣""叩地膜拜"的虔诚，也为后人树立了尊师的榜样。两位诗人的闪光点都是我们求学的典范。

【思考题】

1. 根据你自己的理解谈谈《早梅》改动前后的表达效果。

2. 读了本文你对作文锤炼字句有何感想，你能再举出一两个古人炼字炼句的例子来吗？

3. 你如何看待齐己"兼三衣""叩地膜拜"的表现？

【参考答案】

1.“一枝”较之“数枝”更能体现出“早意”,只改一字,意境尽显。 2.炼字要字字珠玑,常常是一字定乾坤。如韩愈将“僧推月下门”中的“推”改写为“敲”。 3.尊重知识,尊重老师,尊师好学才能学有所成。

(吕海涛)

推　敲

贾岛①初赴举，在京师②。一日于驴上得句云：“鸟宿池边树，僧敲月下门③。”又欲“推”字，炼④之未定，于驴上吟哦，引手作推敲之势，观者讶之⑤。时韩退之权京兆尹⑥，车骑方出，岛不觉行止第三节，尚为手势未已⑦。俄⑧为左右拥止尹前。岛具⑨对所得诗句，“推”字与“敲”字未定，神游象外⑩，不知回避。退之立马久之⑪，谓岛曰：“‘敲’字佳。”遂并辔⑫而归，共论诗道，留连⑬累日，因与岛为布衣之交⑭。

（阮阅《诗话总龟》）

【注释】

①［贾岛］唐代诗人，字阆仙，他的诗风格清丽，非常注意锻字炼句。　②［京师］京城，指长安，现在陕西西安。　③［鸟宿池边树，僧敲月下门］出自贾岛的诗《题李凝幽居》，全诗为：“闲居少邻并，草径入荒园，鸟宿池边树，僧敲月下门。过桥分野色，移石动云根。暂去还来此，幽期不负言。”　④［炼］锤炼，此指反复思考。　⑤［讶之］对贾岛的行为感到惊讶。⑥［韩退之权京兆尹］即韩愈，字退之，唐代文学家，有“文起八代之衰”的美誉，与柳宗元共同倡导古文运动，成就较高。　⑦［已］停止。　⑧［俄］不久，指时间很短。　⑨［具］全部，一五一十地，详细。　⑩［神游象外］神，精神。游，离开。象，眼前事物。精神离开眼前事物。　⑪［立马久之］立马，停下车马。久之，很久。之，助词，无意，调节音节。　⑫［辔］驭马的缰绳，此处代马。　⑬［留连］舍不得离开。　⑭［布衣之交］老百姓之间的交情。这时贾岛还没有做官，所以这样说。

【译文】

贾岛初次参加科举考试，住在京城里。一天他在驴背上想到了两句诗：“鸟宿池边树，僧敲月下门。”又想用“推”字（来替换“敲”字），反复思考定不下来，就在驴背上吟诵，伸出手来做着推和敲的姿势，周围的人对贾岛的行为感到惊讶。当时韩愈代理京城的地方长官，他的车马正好出来巡视，贾岛不知不觉，一直走到（韩愈仪仗队的）第三节，还在不停地做推敲手势。不久贾岛被左右侍从推到京兆尹面前。贾岛一五一十地回答了他所酝酿的诗句，用“推”字还是“敲”字还未定下来，精神离开了眼前的事物，没有想到回避。韩愈停下车马停留了很久，对贾岛说：“用‘敲’字好。”于是两从并排骑着驴马回家，一同讨论作诗的方法，互相舍不得离开，相处好几天。韩愈因此与贾岛结为朋友。

【简析】

“鸟宿池边树，僧敲月下门”的传说，“二句三年得，一吟泪双流”的自白，都说明贾岛写诗是十分认真的，因此贾岛有“苦吟”之誉。我们要学习他对语言使用精雕细琢、一丝不苟的认真态度，从而掌握好祖国语言的精妙之处。

文中韩愈之所以认为“敲”字佳，主要因为“敲”字更能体现寓静于动，更富有诗的意境。另外，从礼貌角度讲，“敲”字也甚佳，更合乎人之常情。韩愈能与贾岛成为布衣之交，亦能看出韩愈爱惜人才，与贾岛谈论诗道，也可看出其作风之严谨。

“推敲”用于对诗词文赋的字句反复斟酌，反复琢磨。宋诗中有“推敲诗益炼，骈丽语尤工”之句，用的就是此义。后又引申为对某种情状或思想意图的反复分析研究。鲁迅《彷徨·祝福》中有“觉得偶尔的事，本没有什么深意义，而我偏要细细推敲”，用的是引申义。

【思考题】

1. 本段文字意在表现贾岛怎样的精神？

2. “推敲”一词的本意是什么，引申意义是什么？

3. 翻译句子。

①岛具对所得诗句。

②遂并辔而归，共论诗道。

【参考答案】

1. 意在表现贾岛写文章时在遣词造句方面精益求精的精神，以及使用语言一丝不苟的认真态度。 2. “推敲”意思是：对诗文词赋的字句反复斟酌，引申为对某种情状或思想意图的反复分析研究。 3. ①贾岛详细回答了他所想到的诗句。 ②两人就并骑而回，共同谈论作诗的方法。

（董国华）

“三上”文章

钱思公虽生长富贵，而少①所嗜好②。在西洛③时，尝语寮属④，言“平生惟好读书，坐则读经史，卧则读小说，上厕阅小辞⑤，盖未尝顷刻⑥释卷也”。……余因谓希深曰：“余平生所作文章，多在‘三上’，乃‘马上’‘枕上’‘厕上’也。盖⑦惟此尤⑧可⑨以属⑩思尔⑪！”

（欧阳修《欧阳文忠公集·归田录卷二》）

【注释】

①［少(shǎo)］不多。②［嗜好］此指特殊不良的爱好。③［西洛］洛阳。④［寮属］寮同“僚”。属(shǔ)：部属。⑤［辞］辞赋。⑥［顷刻］时间短，指一刻时间。⑦［盖］大概。⑧［尤］更。⑨［可］能。⑩［属］集中。⑪［思尔］思，指(集中)思想写作。尔，罢了。

【译文】

钱思公虽生长在富贵之家，但很少有不良的爱好。在西洛时，他曾经对幕僚下属们说：“平时只喜欢读书，坐下就读经史，躺下就看小说，上厕时阅览辞赋，几乎没有片刻时间放下书籍。”……我就对希深说：“我平生作的文章，大多在‘三上’，就是‘马上’‘枕上’‘厕上’。大概只有这样更能集中思想写作罢了。”

【简析】

著名的科学家华罗庚曾经说过这样一句话：“时间是由分秒积成的，善于利用零星时间的人，才能做出更大的成绩来。”著名的历史学家吴晗也说过：“许多零碎的时间妥善地利用起来，不就是一个大整数了吗？”我们知道，古今中外卓有成就的人物，大都惜时如金，几乎个个都是善于捕捉时间、善于利用时间的高手。宋代的大学问家欧阳修就是典范之一，他曾诙谐地自称：“余平生所作文章，多在‘三上’，乃‘马上’‘枕上’‘厕上’也。”“三上”的故事遂为后世传为佳话。

有则谚语说:“用分秒计算时间的人,比用小时计算时间的人聪明十倍。”道理就在这里。

【思考题】

1. 简要概括选文的大意。

2. 读了这篇文章,你得到什么启示?

【参考答案】

1.(略)。　2. 要珍惜时间,抓紧学习(答案言之成理即可)。

(王惠玲)

唐太宗论止盗

上与群臣论止盗。或请重法以禁之,上哂①之曰:“民之所以为盗者,由赋繁役重,官吏贪求,饥寒切身,故不暇②廉耻耳,朕③当去奢省费,轻徭薄赋,选用廉吏,使民衣食有余,则自不为盗,安用重法邪!”自是数年之后,海内升平④,路不拾遗⑤,外户⑥不闭,商旅野宿焉。

(司马光《资治通鉴·唐纪》)

【注释】

①[哂]微笑。 ②[不暇]顾不上。 ③[朕]皇帝自称。 ④[海内升平]古人认为我国疆土四面环海因此称国境内为海内。升平:太平。 ⑤[路不拾遗]东西掉在路上没有人捡走据为己有。 ⑥[外户]使动用法,使门向外开,也就是不闭门的意思。

【译文】

皇上与群臣议论怎样禁止盗贼,有人请求使用严厉的刑法来制止他们,皇帝微笑着说:“老百姓之所以去做盗贼,是由于赋税太多,劳役、兵役太重,官吏们又贪得无厌,老百姓吃不饱,穿不暖,这是切身的问题,所以也就顾不了廉耻了。我应当去掉奢侈的花费,节省开支,减轻徭役,少收赋税,选拔和任用廉洁的官吏,使老百姓穿的吃的都有富余,那么他们自然就不会去做盗贼了,何必要用严厉的刑法呢!”从这以后,过了几年,天下太平,没有人把别人掉在路上的东西拾起来据为己有,大门可以不关,商人和旅客可以露宿。

【简析】

《资治通鉴》是一部记载我国封建社会前半期(公元前403年~公元959年)的编年体通史。书名的意思是对治理国家可提供帮助的历史借鉴。本篇记述了唐太宗禁止盗贼、整顿社会风气的全过程,结构严谨,文字简洁。文章人物形象鲜明,第一句“上与群臣论止盗”中的一个“论”字,就概括了朝堂之上,众人议论纷纷的情景,也为后文唐太宗的审时度势做了铺垫。接着作者仅点明其中一种与太宗相左的意见——“重法以禁之”来对比衬托唐太宗的一代明君形象。后文太宗娓娓道来“为盗”原因，“止盗”措施，条理清晰更具说服力。如何实施作者只字未提，只用寥寥数语说明，决策的英明便不言而喻。其中一个“哂”字，把那种高屋建瓴之态刻画得栩栩如生。

【思考题】

1. 老百姓去做盗贼的原因是什么？

2. 唐太宗同意“重法以禁之”吗，为什么？

3. 唐太宗的“止盗”方法是什么？

4. 治理之后的社会风气如何(用成语概括)？

5. 你认为唐太宗是位怎样的皇帝？

【参考答案】

1. 原因是赋税、兵役、徭役沉重，官吏们贪得无厌，老百姓吃不饱，穿不暖，被迫去偷盗。 2. 不同意。这种方法不能使百姓安居乐业，甚至会造成官逼民反的现象。 3. 方法是自己节省开支，减轻徭役、赋税、选拔和任用廉洁的官吏，使百姓安居乐业。 4. 路不拾遗。 5.(略)。

(葛　静)

唐太宗论隋炀帝

戊子[①],上谓侍臣曰:“朕观《隋炀帝集》,文辞奥博[②],亦知是尧、舜而非桀、纣[③],然行事何其反也?”

魏征对曰:“人君虽圣哲,犹当虚己以受人[④],故智者献其谋,勇者竭其力。炀帝恃其俊才,骄矜自用[⑤],故口诵尧、舜之言而身为桀、纣之行,曾[⑥]不自知,以至覆亡也。”

上曰:“前事[⑦]不远,吾属之师[⑧]也!”

(司马光《资治通鉴·唐纪》)

【注释】

①[戊子]唐太宗贞观二年(即公元628年)六月戊子这一天,是六月十三日。 ②[奥博]深刻广博。 ③[是尧、舜而非桀(jié)、纣(zhòu)]“是”、“非”,意动用法,意思分别是“认为对”和“认为不对”。 ④[虚己以受人]虚心接受别人的意见。虚己,使动用法。 ⑤[骄矜(jīn)自用]骄傲自大,固执己见。 ⑥[曾(céng)]还。 ⑦[前事]以前的事情。⑧[师]借鉴。

【译文】

大唐贞观二年六月十三日,唐太宗对身边的臣子说:“我看《隋炀帝集》,文辞含义深刻广博,炀帝也知道称赞唐尧、虞舜,指斥夏桀和商纣,可是他做事为什么这样相反呢?”

魏征回答说:“做君王的虽然高尚聪慧,但还应当虚心接受别人的意见。因此,有智慧的人才会献出他们的谋略,勇武的人才会竭尽他们的力量。隋炀帝依仗自己的超人才智,骄傲自大,固执己见,所以嘴上说的是唐尧、虞舜所说的好话,实际做的却是夏桀、商纣所做的暴行,自己还不知错,因此落得彻底灭亡啊!”

唐太宗说:“以前的事情离我们不远,是我们的借鉴啊!”

【简析】

《资治通鉴》是一部以政治为中心,较全面地反映历史内容的通史,代表了我国古代编年体史书的最高成就。这部史书系统地总结了封建地主阶级的统治经验。其价值在于"以鉴于往事,有资于治道"。

本文篇幅短小,但通过简洁的问答,说明一个深刻的道理:"前事不远,吾属之师"。唐太宗明君的形象和魏征忠臣、直臣的形象跃然纸上。"虚己以受人",做君王应如此,一般人呢?

【思考题】

1. 文中唐太宗最后的话含有一现代成语,是哪一个?

2. 魏征认为应如何做一位明君,炀帝覆亡的原因是什么(从文中找出答案,并翻译)?

【参考答案】

1. 前事不忘,后事之师。 2. 当虚己以受人;恃其俊才,骄矜自用;(翻译见译文)。

(于玉林)

孙权劝学

初[1],权[2]谓吕蒙[3]曰:"卿[4]今当涂[5]掌事[6],不可不学。"蒙辞以军中多务[7]。权曰:"孤[8]岂欲卿治经[9]为博士[10]邪!但当[11]涉猎[12],见[13]往事耳[14]。卿言多务,孰若[15]孤?孤常读书,自以为大有所益。"蒙乃始就学[16]。及鲁肃[17]过浔阳[18],与蒙议论,大惊曰:"卿今者才略,非复[19]吴下[20]阿蒙[21]!"蒙曰:"士别三日,即更刮目[22]待,大兄何见事之晚乎!"肃遂拜蒙母,结友而别。

(《资治通鉴》)

【注释】

①[初]原来,本来。 ②[权]三国时吴国国君孙权。 ③[吕蒙]三国时吴国名将。 ④[卿]君对臣的称呼。 ⑤[当涂]在政府中担任重要职位。涂,通"途"。 ⑥[掌事]掌管军政大事。 ⑦[辞以军中多务]即"以军中多务辞",用军队中事务繁多的借口来推辞。 ⑧[孤]王侯自称。 ⑨[治经]研究经学。 ⑩[博士]汉代和汉代以后太学(国立最高学府)中的学官。 ⑪[但当]只要。 ⑫[涉猎]粗略地阅读。 ⑬[见]见识。 ⑭[耳]罢了。 ⑮[孰若]可译为"哪里比得上"。 ⑯[就学]从事学习。 ⑰[鲁肃]三国时吴国名将。 ⑱[浔阳]今江西省浔阳一带地区,当时是吴国水军根据地之一。 ⑲[非复]不再是。 ⑳[吴下]指吴郡,今江苏省南部地区。当时是吴国主要行政区。 ㉑[阿蒙]在人名前加一"阿"字,是汉魏南北朝时流行的一种爱称。用于上对下、长对幼和朋友平辈之间,妇女也可用。 ㉒[刮目]擦拭眼睛,引申为去除陈见。

【译文】

当初,孙权对吕蒙说:"你现在担任重要职位,掌管(政府的一部分)事务,不可以不学习。"吕蒙以军中事务繁多为借口来推辞。孙权曰:"我难道是要您钻研经书当博士吗?只是要您多读点书,见识以前的事情罢了。您说事务多,但谁的事务能比得上我多?我经常读书,自己觉得大有收益。"吕蒙于是就开始学习。到了鲁肃经过浔阳时,与吕蒙谈论,鲁肃大惊道:"您现在的才干谋略,不再是过去吴下的阿蒙了!"吕蒙说:"读书人离别三日,就该重新另眼相看。大哥你为什么这么迟才改变看法呢!”鲁肃于是拜见吕蒙的母亲,与吕蒙结为朋友才辞别。

【简析】

《孙权劝学》中的吕蒙从小没有机会读书,缺乏文化,见识不广。他成为镇守一方的将领后,向孙权陈述要事,连奏疏都得由别人代写。当孙权一开始劝吕蒙学习时,吕蒙并没有认识到学习的必要,因此用军队中事务繁多来推辞,孙权用反问来使吕蒙明白读书的用意,用自己的工作多来反驳吕蒙“忙”,用自己常读书、收获多的事实来教育吕蒙,促使吕蒙开始读书,成为了一位文武双全的名将,连一向轻视吕蒙无文化的鲁肃也脱口称赞。

【思考题】

1. 翻译句子,并写出由此句来的名言、成语。

士别三日,即更刮目待,大兄何见事之晚乎!

2. 本文写了一个什么故事,通过故事说明了什么道理?

3. 借助想象,说说吕蒙会怎样学习。

【参考答案】

1. ①(见译文)。②“士别三日,即更刮目待。”③刮目相待。 2. 孙权劝勉吕蒙学习;说明了读书学习的重要性,一个人不论事务有多繁忙,只要肯抓紧学习,就必定学有所成。 3.(略)。

(周 实)

陨石

治平元年，常州日禺时，天有大声如雷，乃一大星，几如月，见于东南。少时而又震一声，移著西南。又一震而坠在宜兴民许氏园中。远近皆见，火光赫然[①]照天，许氏藩篱皆为所焚。

是时火息[②]，视地中只有一窍[③]如杯大，极深。下视之，星在其中，荧荧然，良久渐暗，尚热不可近。又久之，发其窍，深三尺余，乃得一圆石，犹热，其大如拳，一头微锐[④]，色如铁，重亦如之。

州守郑伸得之，送润州金山寺，至今匣藏，游人到则发现。王无咎为之传，甚详。

（沈括《梦溪笔谈》）

【注释】

①［赫然］光亮的样子。 ②［是时火息］"息"通"熄"，熄灭。 ③［窍］孔穴、洞穴。 ④［锐］尖。

【译文】

治平元年的某一天，近中午时的常州，天空中发出一声像打雷一样的声音，原来是一颗大星，几乎像月亮一样，在东南方出现。一会儿，又震响了一声，向西南方向飞去。又一震响后落在宜兴一姓许的百姓的园子里。远近的人都看到了，火光明亮照天，许家的篱笆都被烧毁了。

这时候火熄灭了，看见地上有一像茶杯大小的孔穴，很深。向下看，陨星在那孔穴中，发出微弱的光，很久才暗下来，还热得使人无法靠近。又过了很久，有人挖掘那个孔穴，挖到三尺多深，才得到一块圆形的石头，还冒着热气，它的大小像拳头，一头略微尖些，颜色像铁，重量也跟铁差不多。

州的太守郑伸得到这块石头，送到润州的金山寺里，到现在还用匣子珍藏着，游人到了那里就打开盒子让人看。王无咎为此写了篇文章，介绍得十分详细。

【简析】

一、内容分析：本文记录了我国宋代时一次陨石坠地的壮观景象，以及人们得到陨石的过程和这块陨石的珍藏情况。文章以时间为顺序，从陨石坠地的时间、情景到得到陨石的过程，直至最后陨石的去向，写得简洁而又清晰。作者在描写陨石的过程中，从多种角度介绍。如写陨石坠地时的情景，“大声如雷”“又震一声”“又一震”，通过听觉描写，使人感受到陨石强烈的声势。而陨石的形状，作者则从仰视、俯视并结合动、静态描写，令读者如临其境，从而对陨石产生深刻的印象。

二、结构分析：

- 陨石
  - 陨星坠地
    - 声音——大如雷，又震一声，又一震（听觉）
    - 方向——见于东南，移著西南（动态）
    - 形状——几如月（仰视）
  - 得到陨石
    - 地窍——如杯大（俯视）
    - 形状——一圆石，其大如拳，一头微锐（静态）
    - 颜色——如铁（视觉）
  - 珍藏陨石——润州金山寺匣藏

【思考题】

1. 解释下列加点词的含义。

①{下视之 / 又久之}　②{发其窍 / 游人到则发视}

2. 写出下列加点字的本字及含义。

①见于东南　②是时火息

3. 翻译下列句子。

①下视之，星在其中，荧荧然，良久渐暗，尚热不可近。

②王无咎为之传，甚详。

【参考答案】

1. ①{指孔穴，代词。 / 无义，助词。}　②{挖掘，动词。 / 打开，动词。}

2. ①“见”通“现”，出现。②“息”通“熄”，熄灭。

3. ①向下看，陨星在那孔穴中，发出微弱的光，很久才暗下来，还热得使人无法靠近。②王无咎为此写了篇文章，介绍得十分详细。

（何晓芳）

指南针

方家[①]以磁石磨针锋，则能指南，然常微偏东，不全南也。水浮[②]多荡摇。指爪[③]及碗唇上皆可为之，运转尤速，但坚滑易坠[④]，不若缕悬[⑤]为最善。其法：取新纩[⑥]中独茧缕[⑦]，以芥子许[⑧]蜡缀于针腰，无风处悬之，则针常指南。其中有磨而指北者。予家指南、北者皆有之。磁石之指南，犹柏之指西，莫可原[⑨]其理。

（沈括《梦溪笔谈》）

【注释】

①[方家]有专长的行家，这里指风水术士。 ②[水浮]把磁针漂浮在水面上。 ③[指爪]指甲。 ④[易坠]指磁针容易从指甲或碗边上掉下来。 ⑤[缕悬]用丝线悬挂。 ⑥[纩]丝绵。 ⑦[独茧缕]一根蚕茧丝。 ⑧[芥子许]指约摸芥子那样大小的。 ⑨[原]推究。

【译文】

风水术士用磁石磨一下针尖，针就指向南面，但是常常会稍微偏向东面，不全部指向正南。指南针在水上飘浮大多要摇动。指甲和碗边上都可以安放指南针，这样转动得更快，只是坚硬光滑容易掉下来，不如用丝线悬挂起来最好。它的做法是：拿新丝棉絮中单根的蚕丝，用像芥菜子大小的一点蜡粘缀在针中间，在没有风的地方把它悬挂起来，那么针就总是指向南方。这当中有磨成以后指向北方的。我家里指南和指北的针都有。磁石的指南，如同柏树的指西，没有谁能确切地说明它们的道理。

【简析】

一、内容分析：文章介绍了我国四大发明之一——指南针的制作和使用，着重介绍了用丝线悬挂的一种做法，反映了我国古代的科技文明及劳动人民的高度智慧。

作者在说明指南针的悬挂方法时，用了比较法。通过同在指甲、碗边上安放的比较，得出以丝线悬挂的方法为最好；既生动，又体现了作者严谨的科学态度。

二、结构分析：

- 指南针
  - 制作——以磁石针锋
  - 作用——指南
  - 构造
    - 指爪及碗唇上皆可为之
    - 缕悬为最善
      - 取新纩中独茧缕
      - 以芥子许蜡缀于针腰
      - 无风处悬之
  - 补充说明——也有指北针

【思考题】

1. 翻译下列句子。

①然常微偏东，不全南也。

②但坚滑易坠，不若缕悬为最善。

2. 本文主要介绍了指南针哪些方面的内容？

3. 用自己的语言简述指南针的制作过程、使用方法。

【参考答案】

1. ①但是常常会稍微偏向东南，不全部是指向正南。 ②只是坚硬光滑容易掉下来，不如用丝线悬挂起来最好。 2. 本文介绍了指南针的制作方法、摆放位置及使用方法等。 3. 用磁石磨下针尖，拿新丝棉絮中单根的蚕丝，用像芥菜子大小的一点蜡粘缀在针中间，在没有风的地方把它悬挂起来，那么针就总是指向南方。

（何晓芳）

摸钟

陈述古密直，尝知①建州浦城县。富民失物，捕得数人，莫知的为②盗者。述古绐③曰："某寺有一钟，至灵，能辨盗。"使人迎置后阁④祠⑤之。引囚立钟前，谕曰："不为盗者摸之无声，为盗者则有声。"述古自率同职⑥祷钟甚肃，祭 ⑦以帷⑧围之。乃阴⑨使人以墨涂钟良久，引囚逐一以手入帷摸之。出而验其手，皆有墨，一囚独无墨，乃见真盗——恐钟有声，不敢摸者。讯之即服。

（沈括《梦溪笔谈》）

【注释】

①[知]主管。 ②[莫知的为]莫，意为"没有谁，没有哪一个"。的，意为"的确确实"。莫知的为，不知道哪个是真正的。 ③[绐(dài)]哄骗。 ④[后阁]我国古代建筑群中位于最后的建筑，常做休息、远眺、供神佛或藏书藏物等用。 ⑤[祠]动词，供奉。 ⑥[同职]同事。旧社会在同一部门做官的人。 ⑦[奄(yí)]同"已"。 ⑧[帷(wéi)]帷幕。 ⑨[阴]暗暗地。

【译文】

陈述古，字密直。曾做建州浦城县的县令。当时，有家富户被盗，丢失了不少财物。官府捉住一些人，但不知道谁是真正的强盗。陈述古哄骗他们说："某寺里有一口钟，特别灵验，能辨认出真正的强盗。"于是派人把这口钟恭请到县衙，安放在后面的阁楼上，摆上香案，将它供奉起来。接着，把囚犯引来站在钟的前面，告诉他们说："没有做强盗的摸这钟就没有声音，做强盗的一摸便会发出声响。"陈述古亲自率领同事们向钟祈愿，态度很是严肃。祭祀完毕，用帷幕把钟围了起来，暗地里派人用墨汁涂钟，涂了好久，才叫那些囚犯按次序一个个地把手伸进那帷幕里摸钟。摸过以后，让他们伸出手来察看，手上都有墨汁痕迹，只有一个囚犯手上没有。这人就是真正的强盗，因为他怕钟发出声响，所以不敢去摸。经过审讯，这个强盗立刻承认了。

【简析】

这则故事饶有趣味地叙述了陈述古运用智慧巧妙识别强盗的经过。强盗的“自作聪明”让人哑然失笑,陈述古的智慧令人不禁叹服,而叹服之余呢?如他不分析强盗的心理,不利用强盗迷信神灵这些条件,能准确地分清这一群疑犯中哪个是真正的强盗吗?

《梦溪笔谈》,作者沈括,宋人。该书是一部以笔记体写成的学术著作。内容涉及自然科学、应用技术等广泛领域,被誉为“中国科学史上的坐标”。

【思考题】

1. 陈述古认为那口钟真的灵验吗,为什么?

2. 真正的强盗为什么不敢摸钟(用原文回答)?

【参考答案】

1. 不。“述古绐曰”,“乃阴使人以墨涂钟良久”。(也可用自己的话回答)

2. 恐钟有声,不敢摸。

(冯建英)

以人为鉴

（唐太宗）叹曰："以铜为鉴①，可正衣冠②；以古为鉴，可知兴替；以人为鉴，可明得失。朕尝保此三鉴，慎防己过。今魏征③逝，一鉴亡④矣！朕比⑤使人至其家，得书一纸，始半藁⑥，其可识者曰：'天下之事有善有恶。任善人则国安，用恶人则国弊。公卿之内，情有爱憎，憎者唯见其恶，爱者止⑦见其善。爱憎之间，所宜详慎。若爱而知其恶，憎而知其善，去邪勿疑，任贤勿猜，可以兴矣。'其大略如此。朕顾思之，恐不免斯⑧过。公卿侍臣，可书之于笏⑨，知而必谏也。"

（《新唐书·魏征传》）

【注释】

①［鉴］镜子。　②［正衣冠］使动用法，把衣服帽子穿戴整齐。　③［魏征］人名，唐初名臣。　④［亡］通"无"。　⑤［比］最近，近来。　⑥［藁（gǎo）］通"稿"。　⑦［止］通"只"。　⑧［斯］这样。　⑨［笏（hù）］古代大臣上朝廷时手中拿的一种长板，用象牙或竹、木等制成，上面可以记事。

【译文】

（唐太宗）感慨地说："用铜做镜子，可以端正衣冠；用往事做镜子，可以知道国运的兴衰；用人做镜子，可以明白个人的得失。从前我保有这三面镜子，慎防自己有什么过失。现在魏征去世了，我少了一面镜子啊！最近我派人到他家里去，得到一份刚写一半的稿子，那上面能够看清楚的文字是：'天下的事情有善有恶，任用了好人，国家就能安定，任用了恶人，国家就会衰败。对于公卿大臣，感情上有喜爱有厌恶，厌恶的只看见了他的缺点，喜欢的只看见了他的优点。对人的好恶，是必须仔细慎重的。如果喜欢一个人并能了解他的缺点，讨厌一个人并能了解他的优点，毫不犹豫地摒除邪恶的人，毫不猜疑地任用贤能的人，国家就可以兴盛了。'稿子的意思大致是这样。我仔细想想，恐怕免不了有这样的过错。公卿、左右大臣可以把这些话写在朝笏上，知道有这种情况，就一定要向我进谏。"

【简析】

《新唐书》,二十四史之一,由欧阳修、宋祁等编撰。全书共225卷,其中本纪10卷,表15卷,志50卷,列传150卷。《新唐书》是相对《旧唐书》(原称《唐书》)而言。

这篇文章篇幅短小,文意浅显,但却讲述了一个深刻的道理:唐太宗作为一代圣君,其成功之处便在于他能"以人为鉴",广征谏言,时时谨防有什么过失。我们是否也能从唐太宗身上学习这一点呢?而魏征的话则更值得我们深思和借鉴。治理国家需"去邪""任贤",做人呢?也要去"恶"扬"善"!

【思考题】

1. 你如何评价唐太宗和魏征?

2. 唐太宗如何防止自己犯过失?

【参考答案】

1. 唐太宗:慎防己过、积极纳谏的英明国君;魏征:勇于进谏、忠心报国的赤胆忠臣(意思对即可)。 2. 以铜为鉴,以古为鉴,以人为鉴。

(冯建英)

饿死狙公

楚有养狙①以为生者，楚人谓之“狙公”。旦日②，必部分③众狙于庭，使老狙率以之山中，求草木之实，赋什一④以自奉⑤。或不给⑥，则加鞭箠⑦焉。群狙皆畏苦之⑧，弗敢违也。

一日，有小狙谓众狙曰：“山之果公所树与？”曰：“否也，天主也。”曰：“非公不得而取与？”曰：“否也，皆得而取也。”曰：“然则吾何假⑨于彼而为之役乎？”言未既，众狙皆寤。其夕，相与伺狙公之寝，破栅⑩、毁柙⑪，取其积，相携而入于林中，不复归。狙公卒馁⑫而死。

（刘基《郁离子·术使》）

【注释】

①[狙(jū)]一种大猴。 ②[旦日]清晨。 ③[部分]动词，意为“组织并分派”。 ④[赋什一]赋，征收。赋什一，征收十分之一。 ⑤[自奉]奉养自己。 ⑥[给(jǐ)]连续地供应。 ⑦[箠(chuí)]马鞭一类的鞭子。 ⑧[畏苦之]畏之和苦之。“畏之”意为“怕他”。“苦之”意为因服役并受虐待而感到是件苦事。苦：以……为苦。 ⑨[假]借，这里是“依靠”的意思。 ⑩[栅]围栏。 ⑪[柙(xiá)]关野兽的笼子。 ⑫[馁(něi)]饥饿。

【译文】

楚国有个靠养猴过活的人，人们都叫他“狙公”。他每天早晨都要在院子里给群猴分派事情，让老猴子率领着（众猴）到山里去采摘野生的草木果实，回来向它们征收十分之一，用以养活自己。如果有的不交足数，（狙公）便用鞭子狠抽。群猴都怕挨打，都感到这是件苦事，可是，谁也不敢违抗。

一天，一个小猴子对大家说：“山里果木是主人栽的吗？”群猴说：“不是，是天生的。”小猴又问：“不经过他就不能摘取吗？”群猴说：“不，谁都可以摘取。”小猴又说：“既然这样，那么我们为什么要靠着他而受他的奴役呢？”小猴的话还没有说完，群猴都恍然大悟。那天晚上，群猴们等到狙公睡熟了以后，就破坏了栅栏，毁掉笼子，取出狙公积蓄的果实，手拉手跑到森林里，再也不回来了。狙公终于被活活饿死。

【简析】

刘基(1311—1375)字伯温,封诚意伯,明初文学家,曾辅佐朱元璋开创帝业,为明开国勋臣之一。他从元朝的灭亡中吸取教训,文章多能触及当时社会的重大问题。思想性和艺术性都很高。

这是一篇痛砭时弊表达政见的佳作。全文分两部分:第一部分写群猴受狙公的压迫和奴役不敢反抗,第二部分写群猴意识觉醒,起来反抗重获自由。从表面上看,作者写的是一群动物,但若结合背景来理解,不难看出,作者是用狙公来影射当时的统治者,群猴就是处在下层的劳动者。作者的用意是警告统治者,不要过分地压迫奴役劳动人民,失民心就是失天下。表达了作者对劳动人民的同情。

这则寓言用讲故事的巧妙手法,寄寓了深刻的道理,形象性很强,促人联想,发人深思。它告诉人们,被剥削被压迫的劳动者一旦觉醒,起来反抗剥削者的奴役和压迫,那些剥削者就必然灭亡。

【思考题】

1. 翻译下面句子。

①群狙皆畏苦之,弗敢违也。

②然则吾何假于彼而为之役乎?

2. 本文阐明了什么道理?

【参考答案】

1. (见译文)。 2. 本文阐明了被剥削、被压迫的劳动者一旦觉醒,起来反抗剥削者的奴役和压迫,那些剥削者就必然灭亡。

(侯 敏)

常羊学射

常羊①学射于屠龙子朱②，屠龙子朱曰："若③欲闻射道乎？楚王田于云梦④，使虞人起禽⑤而射之。禽发⑥，鹿出于王左，麋交于王右。王引弓欲射，有鹄⑦拂王旃⑧而过，翼若垂云⑨。王注矢于弓，不知其所射。养叔⑩进曰：'臣之射也，置一叶于百步之外而射之，十发而十中。如使置十叶焉，则中不中非臣所能必矣。'"

（刘基《郁离子·射道》）

【注释】

①[常羊]虚拟人名。 ②[屠龙子朱]虚拟人名。 ③[若]第二人称代词，你。 ④[田于云梦]在云梦打猎。田，打猎。云梦是地名。 ⑤[起禽]使动用法，把飞禽走兽从隐匿的地方赶出来。 ⑥[发]跑出来。 ⑦[鹄(hú)]天鹅。 ⑧[旃(zhān)]安置在马车上的红色旗子。 ⑨[垂云]低垂而下的云。形容鸟翅膀又长又大。 ⑩[养叔]养由基，著名的射箭能手。

【译文】

常羊向屠龙子朱学习射箭，屠龙子朱说："你想知道射箭的道理吗？从前，楚王在云梦泽打猎的时候，叫虞人把禽兽轰出来让自己射击。禽兽都跑了出来，鹿奔在楚王的左边，麋跑在楚王的右边。楚王刚拉开弓要射，忽然又有一只天鹅掠过楚王的旗子，两个翅膀好像低垂着的云彩。楚王把箭搭在弓上，不知道该射哪个才好。这时有个叫养叔的大夫对楚王说：'我射箭的时候，把一片树叶放在百步之外，射十次中十次，如果在那里放上十片树叶，那么能不能射中我就没有把握了。'"

【简析】

刘基，字伯温，青田(今浙江省青田县)人。他与宋濂、高启并称明初诗文三大家，诗歌以古朴、雄放见长，散文富有形象性。他的《郁离子》写于元末，多采用寓言形式说理。《常羊学射》采用寓言故事说明事理，它启发我们做任何事必须目标明确，否则将一事无成。

【思考题】

1. 楚王为何“不知其所射”？

2. 养叔进言说明了什么道理？

3. 翻译句子。

使虞人起禽而射之。

【参考答案】

1. 因为“鹿出于王左，麋交于王右”“有鹄拂王旃而过”，使楚王射猎目标不能确定。 2. 养叔的话说明了做任何事必须目标明确，否则将一事无成。 3. 叫虞人把禽兽轰出来让自己射击。

（李　锋　韩学玲）

中山窃糟

昔者，鲁人不能为酒①，惟中山之人善酿“千日之酒”②。鲁人求其方③，弗得。有仕于中山者④，主酒家⑤，取其糟归，以鲁酒渍⑥之，谓人曰：“中山之酒也！”鲁人饮之，皆以为中山之酒也。一日，酒家之主者来，闻有酒，索而饮之，吐而笑，曰：“是予之糟液⑦也。”

（刘基《郁离子》）

【注释】

①[为酒]造酒。 ②[千日之酒]传说中山国的人狄希会造千日酒，喝了它能醉一千天不醒。 ③[方]造酒的方法。 ④[有仕于中山者]有一个在中山国做官的人。 ⑤[主酒家]在酿酒人的家里寄宿。 ⑥[渍(zì)]浸泡。 ⑦[糟液]由酒糟泡成的溶液。

【译文】

从前，鲁国人不会做好酒，只有中山国的人会酿“千日之酒”。他们想得到中山人酿酒的方法，但得不到。有个人在中山国做官，寄居在酿酒人的家里，他偷拿了一些酒糟回去，用鲁国的酒泡上，对人说：“这就是中山国的酒呀！”鲁国人喝了，都以为真的是中山国的酒。有一天，中山的那位酒家主人来了，听说有好酒，便讨了来喝，酒尚未入喉，便吐了出来，笑着说：“这是用我家的酒糟泡的溶液呀！”

【简析】

《中山窃糟》一文通过讲述“鲁人求方不得，仅得其糟，却以之为中山之酒”的故事，讽刺了那些拾人牙慧，却不自知，终被别人嘲笑的人。

【思考题】

1. 中山酒家为什么嘲笑鲁人？

2. 这则故事对我们的学习有什么启示？

【参考答案】

1. 因为鲁人没有得到酿酒良方，却把糟液当做中山之酒。　2. 启示我们学习时要真正掌握知识的精华，不可像鲁人那样落入末流，仅得糟粕。

（侯　伟）

乞 猫

赵人患[①]鼠,乞[②]猫于中山。中山人予[③]之猫,善捕鼠及鸡。月余,鼠尽而其鸡亦尽。其子患之,告其父曰:“盍去诸[④]?”其父曰:“是[⑤]非若[⑥]所知也。吾之患在鼠,不在于鸡。夫有鼠,则窃吾食,毁吾衣,穿吾垣墉[⑦],毁伤吾器用,吾将饥寒焉,不病于无鸡乎[⑧]?无鸡者,弗食鸡则已耳,去[⑨]饥寒犹远,若之何[⑩]而去夫[⑪]猫也!”

(刘基《郁离子·捕鼠》)

【注释】

①[患]祸害,灾难,这里用做动词。下文中的“其子患之”的“患”是“忧虑”之意,也用做动词。 ②[乞]向人讨,请求。 ③[予(yǔ)]给。 ④[盍去诸]盍,“何不”的合音。去,去掉。诸,“之乎”的合音。盍去诸,为什么不去掉它呢? ⑤[是]指示代词,这个。 ⑥[若]第二人称代词,你。 ⑦[垣墉(yuán yōng)]墙壁。 ⑧[不病于无鸡乎]病,害处。这句是比较句,用“于”引入比较内容。全句意为:不比没有鸡害处更大吗? ⑨[去]离。 ⑩[若之何]固定句式,这里的意思是“为什么要”。 ⑪[夫]代词,那、那个。

【译文】

赵国有个人,家里老鼠成灾,就向中山国讨取猫。中山国的人给了他一只猫。这只猫很会捕老鼠和鸡。过了一个多月,他家的老鼠被捉尽了,可是鸡也没有了。他的儿子为这件事发愁,对他说:“为什么不把猫赶走呢?”他父亲说:“这个道理不是你能理解的。我们家的祸害在于有老鼠,不在于没有鸡。有了老鼠,它便偷吃我们的粮食,咬坏我们衣服,钻穿我家的墙壁,啃坏我家的家具、器皿。这样,我们就要挨饿受冻,这不比没有鸡害处要大吗?没有鸡,我们最多不吃鸡罢了,离挨饿受冻还远着哪!为什么要赶走那只猫呢!”

【简析】

这是一篇寓哲理于叙事的寓言故事。主要是讲人们在生活中为了达到某一目的,常常要付出一定的代价,关键是要权衡得失利弊。赵人为了消除鼠患而引进了猫。可惜这猫除了有善捕鼠的优点之外;还有善捕鸡的缺点。所以,结果是“鼠尽其鸡亦尽”。不过,这个赵人比他的儿子会算账,宁愿“弗食鸡”,也没按他儿子的意思,把猫赶走而重受饥寒。

由于作者是采用讲故事的方式,把“有鼠”的“窃吾食,毁吾衣,穿吾垣墉,毁伤吾器用,吾将饥寒焉”与“无鸡”的“弗食鸡则已耳”这两种结果摆得清清楚楚,并在最后用了一个反问句收尾,对比鲜明,产生了很强的说服力。

【思考题】

1. 本文主要运用什么方法说明道理?

2. 这则寓言说明了一个什么道理?

【参考答案】

1. 本文主要运用对比的方法说明道理。　2. 这则寓言通过父与子在对待猫捕鼠又吃鸡所造成的结果从而产生的是“去猫”还是“留猫”的不同态度的对比,揭示了做事、用人都要权衡利弊大小;做事不要怕付出代价,因噎废食;用人不要责备求全,以瑕掩瑜。

(邢　军)

猩猩饮酒

猩猩，兽之好酒者也。大麓[1]之人设以醴尊[2]，陈之饮器，大小具列焉。织草为履[3]，勾连相属[4]也，而置之道旁。猩猩见，则知其诱之也，又知设者之姓名与其父母祖先，一一数而骂之。已而[5]谓[6]其朋曰："盍[7]少尝之？慎无多饮矣！"相与取小器饮，骂而去[8]之。已而取差[9]大者饮，又骂而去之。如是者数四，不胜其唇吻[10]之甘也，遂大爵[11]而忘其醉。醉则群睨[12]嬉笑，取草履着[13]之。麓人追之，相蹈籍[14]而就絷[15]，无一得免焉。其后来者亦然。

夫猩猩智矣，恶[16]其为诱也，而卒[17]不免于死，贪为之也。

（刘元卿《贤奕编·警喻》）

【注释】

①[麓(lù)]山脚下。 ②[醴(lǐ)尊]醴，甜酒。尊同"樽"，酒壶。 ③[履(lǚ)]鞋。 ④[属(zhǔ)]连接。 ⑤[已而]随后。 ⑥[谓]对……说。 ⑦[盍(hé)]何不。 ⑧[去]离开。 ⑨[差(chā)]稍微地，比较地。 ⑩[唇吻]指嘴。 ⑪[爵(jué)]古代的一种酒杯。 ⑫[睨(nì)]斜着眼睛看。 ⑬[着(zhuó)]穿。 ⑭[蹈籍]践踏。 ⑮[就絷(zhì)]被拘囚。 ⑯[恶]恨。 ⑰[卒]终于。

【译文】

猩猩是一种喜欢喝酒的野兽。山脚下的人摆下装满甜酒的酒壶，摆上酒杯，大大小小的都排列在那里。还编了许多草鞋，把它们勾连编缀起来，放在道路旁边。猩猩一看，就知道是引诱自己上当的，还知道设圈套的人的姓名和他们的父母祖先，便一一指名骂起来。骂完了以后，(有的猩猩)就对同伴说："为什么不稍微尝它一点呢？不过要小心别喝多了！"于是相邀着拿起小的酒杯喝几口，然后骂骂咧咧地走开了。过了一会它们又返回来拿起略微大一点的酒杯又喝了几口，然后又骂骂咧咧地走开了。这样重复多次，喝得嘴上甜蜜蜜的再也克制不住了，就干脆拿起大的酒杯大喝起来，根本忘了能喝醉的事。喝醉了以后便在一起挤眉弄眼地嬉笑，把草鞋拿来穿上。山脚下的人就出来追捕它们，结果互相践踏都被捆绑住,没一个跑掉的。后来的猩猩也同样被捉住了。

猩猩可算是很聪明了,知道憎恨别人的引诱,可是最终还免不了一死,这是贪心造成的。

【简析】

这是一个很有启发教育意义的寓言故事。

猩猩有贪酒的毛病,明明知道放在大山脚下的甜酒是引诱自己上当受骗的,它们憎恨人们的诱惑,对"设者及其父母祖先""一一数而骂之"。但还是经不住诱惑,偏要去尝尝,结果"不胜唇吻之甘",一误再误,最后"相蹈籍而就縶,无一得免"。终于因贪酒而丧失了性命。本文表面上是写猩猩,实际上是写一种明知故犯、利令智昏的愚蠢行为。作者借猩猩来讽喻生活中这样的一类人,贪欲使他智昏,乃至为了一点蝇头小利而付出惨重的代价。

本文前半部分以生动形象的笔触叙述猩猩贪酒以至大醉被捉的经过,结尾用议论点明主旨,发人深省。

【思考题】

1. 用现代汉语翻译下列句子。

①醉则群睨嬉笑,取草履着之。

②其后来者亦然。

2. 文中说"猩猩智矣",试从文中找出能说明这一点的句子。

3. 这则寓言讽刺了生活中的哪一类人?

【参考答案】

1. ①(猩猩)喝醉了以后便在一起挤眉弄眼地嬉笑,把草鞋拿来穿上。②后来的猩猩也同样被捉住。 2. 猩猩见,则知其诱之也,又知设者之姓名与其父母祖先,一一数而骂之。 3. 贪欲使其智昏,乃至为了一点蝇头小利而付出惨重代价的人。

(陈　靖)

兄弟争雁

昔人有睹雁翔者,将援弓射之[①],曰:“获则烹[②]。”其[③]弟争曰:“宜燔[④]。”竞斗而讼于[⑤]社伯[⑥]。社伯请剖雁,烹燔半焉。已而索[⑦]雁,则凌空远矣[⑧]。

(刘元卿《应谐录》)

【注释】

①[之]指代飞翔的雁。 ②[烹]煮。 ③[其]他的。 ④[燔(fán)]烤。 ⑤[于]介词,向。 ⑥[社]古代二十五家为一社。社伯是一社之长。 ⑦[索]寻找。 ⑧[矣]语气助词,相当于现在的“了”。

【译文】

过去,有个人看到大雁飞过来,准备拉弓射它,口里还说道:“打下了这只雁就煮了吃。”他的弟弟听了争执说:“应该烤着吃。”弟兄俩争吵不休,就告到社伯跟前请他裁断。社伯建议他们将雁剖开,一半煮,一半烤。等他们再去找雁,雁已经向高空飞远了。

【简析】

文章虽然短小,但寓意深刻。

文章写的是兄弟二人为一只飞行的大雁应该如何吃引发争论,当问题最终解决后,“索雁,则凌空远矣”。作者对兄弟二人的这一愚蠢做法给予了莫大的嘲讽,天空中飞行的大雁还没到手,竟然想入非非,为此争论不休,以致坐失良机,让即将到手的大雁白白地飞走了。究其内因,兄弟二人让即得的利益冲昏了头脑,只注重事情未来的结果而忽略了自身行为的后果,兄弟二人的鼠目寸光可见一斑。

这篇文章用简约的文字道出了丰富的内涵:机不可失,时不再来,做一切事情都应该抓住时机,当机立断,说干就干,才会成功。假设不明白这个道理,和这兄弟二人一样,用无谓的争论来代替实际努力,那么只能坐失良机,就什么也得不到了。道理虽然浅显,但今天看来仍有它的现实意义。

【思考题】

1. 本文揭示了什么道理?

2. 翻译句子。

竞斗而讼于社伯。

【参考答案】

1. 机不可失,时不再来,做一切事情都应该抓住时机,当机立断,说干就干,才会成功。 2. (见译文)。

(王爱兰)

要做则做

后生家[1]每[2]临事[3]，辄[4]曰“吾不会做”，此大谬[5]也。凡事做则会，不做安[6]能会耶？又[7]做一事，辄曰“且[8]待明日”，此亦大谬也。凡事要做则做，若一味因循[9]，大误[10]终身[11]。

古有《明日歌》最妙，附记于此：“明日复[12]明日，明日何其[13]多！我生[14]待明日，万事成蹉跎[15]！世人若被明日累[16]，春去秋来老将至[17]。朝[18]看水东流，暮看日西坠。百年[19]明日能几何[20]？请君听我《明日歌》。”

（钱泳《履园丛话》）

【注释】

①[后生家]年青人。　②[每]每次。　③[临事]面对事情，遇到事情。　④[辄(zhé)]就。　⑤[谬(miù)]错误。　⑥[安]疑问代词，怎么。　⑦[又]表示几种情况同时存在，可译为“另外”。　⑧[且]暂且。　⑨[因循]迁就旧的习惯，这里指拖沓迟延。　⑩[误]耽误。　⑪[终身]一生，一辈子。　⑫[复]又。　⑬[何其]多么。　⑭[生]一生。　⑮[蹉跎(cuō tuó)]虚度光阴，一事无成。　⑯[累(lěi)]牵累。　⑰[至]来到。　⑱[朝(zhāo)]早晨。　⑲[百年]指人的一生。　⑳[几何]多少。

【译文】

年轻人每逢遇到事情，就说“我不会做”，这是一个很大的错误。凡是事情做做就学会了，不做怎么能学会呢？并且，每逢做一件事，就说“暂且等待明天再做吧”，这也是一个很大的错误。凡是事情决定要做就马上做，如果一味拖沓迟延，迁就坏习惯，将会大大地耽误自己的一生。

古人有一首《明日歌》，写得很妙，附带记载在这里：“明天过去了又有一个明天，明天有多么多啊！人的一生（如果）总是等待明天（去做事情），那将会虚度光阴，一事无成！世上的人如果被‘且待明日’的坏习惯所牵累，年复一年，衰老将随着岁月的流逝而到来，自己却仍将无所作为。早上看着水向东流，傍晚看太阳向西落，一生能有多少个明天呢？请你听听我这首《明日歌》吧。”

【简析】

本文的主旨是教导人们凡事要做则做，若一味拖沓，就会错失良机，一事无成。时间的流逝是无情的，可怕的。人生七十古来稀，三分之一要睡去，再除去幼年玩耍的时间，学习与工作大约只有三十几年，一万多天。虚度一日就等于耗费生命的万分之一。所以还是把那些有意义且需要做的事情赶紧列出来用心去做吧！

文章第一段摆出“吾不会做”“且待明日”的错误想法，正面提出了“要做则做”的主张。第二段引用古人的《明日歌》，批驳“且待明日”的错误想法，进一步强调“要做则做”。

【思考题】

1. 你同意作者的观点吗？请结合自己的学习生活谈体会。

2. 阅读下面的《今日歌》之后，试谈一点感想。

今日复今日，今日何其少！今日又不为，此事何时了。人生百年几今日，今日不为真可惜。若言姑待明朝至，明朝又有明朝事。为君聊赋《今日歌》，努力请从今日始。

【参考答案】

（略）。

（王惠玲）

世无良猫

某恶[1]鼠，破家[2]求良猫[8]。厌[4]以腥膏[5]，眠以毡罽[6]。猫既饱且安，率[7]不捕鼠，甚者与鼠游戏，鼠以故益暴[8]。某怒，遂不复蓄猫，以为天下无良猫也。

（乐均《耳食录》）

【注释】

①[恶(wù)]讨厌，厌恶。 ②[破家]犹言破产，拿出所有的家财。 ③[良猫]指善于捕鼠的猫。 ④[厌]通“餍”。饱，满足。 ⑤[腥膏]鱼肉。 ⑥[毡罽(jì)]用毛织成的毡子或毯子。 ⑦[率(shuài)]大率，大都。 ⑧[暴]猖獗。

【译文】

有个人厌恶老鼠，费去许多家资得到一只善于捕鼠的猫。用鱼肉喂它，让它睡在毡子毯子上。猫既吃得饱，又睡得安，大都不捕老鼠，甚至跟老鼠一同玩耍，老鼠因此更加猖獗。这个人很生气，于是不再饲养猫，认为天下没有善于捕鼠的猫。

【简析】

本文以故事形式批评了某些人培养人才的错误做法及由此而产生的错误观点，从而说明了生活过于安逸不能造就人才的道理。

本则故事高度凝练。首句以“破家求良猫”极言其为得良猫所付出的代价，有暗示下文的作用。第二、三两句紧承上句，写其求得良猫后则供之以优裕的食用，想以此造就出真正的良猫，结果适得其反，不但未能如愿，反使之变成了饱食终日、无所事事的懒猫。最后以不知自己的错误，反以为天下无良猫作结，引人深思。据以上分析，本文可以分为三层：第一句为第一层，写求猫；第二、三句为第二层，写蓄猫；最后一句为第三层，写弃猫。

本文显著的特点是寓深刻哲理于短小的故事之中，让读者自己去品味、去领悟其中的道理，有言在此而意在彼之妙。

【思考题】

1. 解释下面句中加点的词。

①猫既饱且安

②鼠以故益暴

③遂不复蓄猫

2. 翻译下面的句子。

厌以腥膏,眠以毛罽。

3. 试从“猫”这一角度,谈一谈本文给你什么启发。

【参考答案】

1. ①安:安逸; ②益:更加; ③蓄:饲养。 2.(见译文)。 3. 提示:可以从如何对待客观条件的角度谈一谈。

(李书伟)

介虫

海滨有介虫①焉，状如蟛蜞②，八足二螯③，惟右螯独巨，长二寸许④。潮退，行沮洳⑤中，闻人声弗避，竖其螯以待，若御敌者。然土人⑥取而烹之，螯虽熟不僵⑦也。

呜呼！螳螂奋臂，以当车辙⑧，漆园吏⑨固笑之矣。彼夫⑩恃其区区之才与力，杀身而不悟者多矣！之二虫何知焉⑪？

（宋琬《安雅堂集》）

【注释】

①［介虫］甲壳类动物。此指水族类中一种有甲壳的动物。 ②［蟛蜞(pēng qí)］蟹名。也称“螃蜞”“相手蟹”。 ③［螯(áo)］甲壳动物第一对变形的步足。末端两歧，开合如钳，用来夹取食物，并作防御用。 ④［许］约计的数量，犹“上下”“左右”“光景”。 ⑤［沮洳(jù rú)］低湿之地。 ⑥［土人］本地人。 ⑦［僵］倒下。 ⑧［螳螂奋臂，以当车辙］典故出自《庄子·人间世》：“汝不知夫螳螂乎？怒其臂以当车辙，不知其不胜任也。”后因以“螳臂当车”比喻不自量力。 ⑨［漆园吏］据《史记·老子传》记载，战国时庄子曾做过漆园（地名）吏，因以指庄子。 ⑩［彼夫(fú)］同义词连用，如同说“那”“那些”。 ⑪［之二虫何知焉］意思是：这两种虫懂得什么呢？之，这。

【译文】

海边有一种甲壳动物，形状像螃蟹，八只脚，两只螯，只有右边的螯特别大，长二寸左右。潮水退后，在湿地里爬行，听到人声也不避开，竖起它的螯等待着，好像抵御敌人的样子。然而本地人把它捉来烹煮，螯即使煮熟了也不倒下。

唉！螳螂奋起双臂，想来挡住车轮，庄子本已讥笑过它了。那些凭着小小的本领和力气，弄得丢了性命还不醒悟的多了！这两种虫懂得什么呢？

【简析】

本文是一篇托物寓理的文章。

上段为记叙，重在描述介虫看似可畏、实则无力的螯。首句主要写其螯之长之大。次句则逼真描述其竖螯以待敌的举动："竖其螯"，意在向对方显示其强大；"以待"，俨然一副决斗的姿态，表示其不畏不缩，有十足的勇力以御敌。而下文用一"若"字，则揭示其只是故作强大而已。末句颇令人玩味，如此"强大"者，人却轻易将其取来烹食，落得个可悲的下场。"螯虽熟不僵"，更有一番深意在其中，非细玩之不能得。

下段为议论，重在揭示其寓意。奋臂当车的螳螂和竖螯御敌的介虫同属不自量力者之流，故作者举此典故以揭示其寓意。然后说明此类之多，启人深思。最后并举二虫收束全文，讽刺意味十足。

本文篇幅短小，语言凝练，寓意深刻。用词含蓄蕴藉，耐人寻味。

【思考题】

1. 这则短文给人什么启示？

2. 细心体会"螯虽熟不僵"有什么深刻含义。

【参考答案】

1. 这则短文给人的启示是：不自量力，必然失败。 2. 可以理解为：螯虽熟也不僵，则说明介虫活着时竖螯以待敌也只是虚张威势而已，深刻揭示其外强中干的本质。

（李书伟）

名落孙山

吴人孙山，滑稽[①]才子也。赴举[②]他郡，乡人托以子偕往。乡人子失意[③]，山缀[④]榜末，先归。乡人问其子得失，山曰："解名[⑤]尽处是孙山，贤郎更在孙山外。"

（范公偁《过庭录》）

【注释】

①［滑稽］能说会道而且诙谐风趣。 ②［赴举］去参加科举考试。 ③［失意］指不录取。 ④［缀］附着。 ⑤［解名］举人的名单。

【译文】

吴地人孙山是个能言善辩、诙谐幽默的才子。（有一次，）到外地赶考，他的同乡将儿子托付给他一同前往。结果同乡的儿子落第，孙山名列录取榜的最后一位。孙山先行回归家乡，同乡向他探听儿子是否录取。孙山回答说："录取名单的最后是孙山，令郎排名还在孙山的后面。"

【简析】

文章通过人物的语言，向读者展示了一个栩栩如生的"滑稽才子"的形象。孙山的回答既是自嘲，又顾及乡人颜面，委婉地告之其子落榜的消息，语言幽默、得体，使乡人免于尴尬。后来"名落孙山"婉言指应考不中。

【思考题】

1. 孙山对乡人的回答表现了他怎样的性格？

2. 试谈一下孙山回答的巧妙之处。

3. 现在人们常用"名落孙山"这个成语来比喻什么事？

【参考答案】

1. 幽默、风趣。 2. 孙山回答的巧妙之处在于先自嘲，后委婉地告知乡人其子落第的消息，避免了使乡人陷于尴尬的窘境。 3. "名落孙山"现多指应考不中。

（周 蕊）

鸲鹆学舌

鸲鹆[1]之鸟出于南方,南人罗[2]而调[3]其舌,久之,能效人言,但能效数声而止——终日所唱,惟数声也。

蝉鸣于庭,鸟闻而笑之。蝉谓之曰:"子能人言,甚善;然子所言者,未尝言也,曷若④我自鸣其意哉!"鸟俯首而惭,终身不复效人言。

(《叔苴子·内篇》)

【注释】

①[鸲鹆(qú yù)]俗名"八哥",一种经人训练后能学人说话的鸟。 ②[罗]本义是捕鸟的网。这里作动词用,意思是用网捕捉。 ③[调]训练鸟兽。 ④[曷若]哪里比得上。

【译文】

八哥生长在南方,南方人用网把它捕来加以训练,教它说话,时间长了,就能模仿人说话了,可是只能学叫几声就完了——整天唱的,就是那么几声。

蝉在院子里叫,八哥听见了便嘲笑它。蝉对八哥说:"你会模仿人说话,很好;可是你所说的那些话,其实等于没有说什么,哪里比得上我能用叫声来表达出自己的思想呢!"八哥听了这话,惭愧得低下了头,从此一辈子再也不模仿人说话了。

【简析】

鸲鹆本来生长在山林,被人捕捉后调其舌而开始模仿人说话,而且只有几句,这本来是很痛苦的事,而鸲鹆却因此而自鸣得意,去嘲笑在院中鸣叫的蝉。鸲鹆爱慕虚荣的面目跃然纸上。面对鸲鹆的嘲笑,蝉反唇相讥,一针见血地指出鸲鹆的虚荣所造成的结果,它只是一个机械的模仿者,已经不能用鸣叫来表达自己的思想和感受,它的鸣叫已经失去了意义。蝉的话一语中的,使鸲鹆羞愧难当,再也不敢学说人话了。

【思考题】

1. 结合课文谈谈你对鸲鹆和蝉的看法。

2. 你从这个故事中得到什么启示?

3. 翻译句子。

曷若我自鸣其意哉!

【参考答案】

1. 鸲鹆:爱慕虚荣,自高自大;知错能改。蝉:不爱慕虚荣,朴实无华,保持自我本性。 2. 不能贪慕虚荣,要保持自我的本性;知错能改。 3.(见译文)。

(陈文红)

张乖崖严惩污吏

张乖崖为崇阳令[①],一吏自库中出,视其鬓旁巾[②]下有一钱,诘[③]之,乃库中钱也。乖崖命杖之,吏勃然[④]曰:"一钱何足道[⑤],乃杖我耶？尔能杖我,不能斩我也。"乖崖援[⑥]笔判云:"一日一钱,千日一千,绳锯木断,水滴石穿。"自仗[⑦]剑下阶斩其首。

(《鹤林玉露》)

【注释】

①[令]县令。 ②[巾]头巾。 ③[诘(jié)]盘问。 ④[勃然]气愤变色的样子。⑤[何足道]不值得一说。 ⑥[援]引。 ⑦[仗]持。

【译文】

张乖崖当崇阳县令时,看见一个小吏从库房出来,鬓角边头巾下面藏着一枚钱,就责问他(这钱从哪里来的),小吏回答说是县库里的钱。张乖崖叫衙役用木棍打他,小吏生气地说:"一枚钱有什么值得提的,你竟用木棍打我,你能打我,但不能杀我。"张乖崖提起笔来判决说:"一日贪污一个钱,一千日就是一千枚钱,时间长了,绳子能把木头锯断,水滴可将石块滴穿。"于是他亲自提剑走下台阶,斩了那个小吏。

【简析】

本文通过对人物语言及动作的描写,寥寥几笔便成功刻画出一位清正廉明的官员——张乖崖的形象。文章还善于运用比喻的手法来说明道理,深入浅出,通俗易懂,形象生动。

【思考题】

1. 解释文中两个成语,并造句。

①绳锯木断 ②水滴石穿

2. 文中的张乖崖是怎样一个人物形象?

【参考答案】

1. ①绳子可以锯断木头,水不断往下滴,可以把石头滴穿。②比喻只要坚持不懈,力量虽小,也可以完成艰巨的事业。(造句略) 2. ①善于观察;②严格执法。

(杨 颖)

劳于读书，逸于作文

读书如销①铜，聚铜入炉，大鞲②扇之，不销不止，极用费力。作文如铸③器，铜既销矣，随模铸器，一冶即成。只要识模，全不费力。所谓劳于读书，逸于作文也。

（《程氏家塾读书分年日程》）

【注释】

①[销]熔化。 ②[鞲]古代皮制的鼓风器。 ③[铸]浇制。

【译文】

读书就像熔铜，把铜收集起来放入炉中，用鼓风机煽火，不融化不停止，这样很费力气。写文章就像浇制器具，铜已经化了，接下来就是按模子浇铸了，一经冶炼就成型了。只要懂得模具，一点也不费力。这就是所说的：下功夫读书，写文章就会得心应手。

【简析】

欧阳修曾说过，作文“无它术，唯勤读书而多为之，自工”。这就犹如做画，胸有成竹，才能下笔有神。本文用设喻的写法，阐述了读书与写作的关系。读书积累知识是一个艰苦的过程，但它对任何人的写作和做人都有潜移默化的巨大影响。本文所讲作文只要遵循“模式”，然后将读书所得套进去即可，有其时代的局限性。

【思考题】

1. 文中阐明了读书和作文之间什么样的关系，说明了一个什么道理？

2. 翻译句子。

所谓劳于读书，逸于作文也。

【参考答案】

1. 读书是一个积累的过程，书对一个人的影响可以说是潜移默化的，多读书，读好书，无论对你的做人还是对你的作文，都是大有裨益的（意思对即可）。2.（见译文）。

（许红波）

对牛弹琴

公明仪①为牛弹清角之操②，伏食如故。非牛不闻，不合其耳矣。转为蚊虻③之声，孤犊④之鸣，即掉尾奋耳⑤，蹀躞⑥而听。

（《牟子理惑论》）

【注释】

①[公明仪]人名。　②[清角之操]清角，曲调名。“角”是五音之一。操，琴曲称操。清角之操，清角曲调的琴曲。　③[虻(méng)]吸血的苍蝇。这里特指牛虻。　④[孤犊(dú)]离开母牛的小牛。　⑤[掉尾奋耳]甩动尾巴，支楞起耳朵。　⑥[蹀躞(dié xiè)]迈小步来回走动。

【译文】

公明仪为牛弹奏清角曲调的琴曲，牛照旧趴着吃它的草。并不是牛没有听到琴声，而是这种调子它根本听不进去啊。后来，公明仪改变了弹法，模仿蚊虻的叫声，小牛犊寻找母牛的悲鸣声，这下牛立刻甩着尾巴，支楞起耳朵，迈着小步来回走着倾听起来。

【简析】

牛能听懂音乐吗？公明仪曾经为牛弹奏音乐。牛刚开始“伏食如故”，而后却“蹀躞而听”。什么原因呢？原来，开始的琴声虽然美妙，但牛却听不懂，自然没有反应，乐曲改变后，牛听懂了，所以就听得津津有味。现在，“对牛弹琴”比喻对不能理解的人白费口舌，也用来讥笑说话不看对象。

【思考题】

1. 牛刚开始听琴时为什么“伏食如故”？（请用原文回答）
2. 本文采用了一种什么写法？
3. 阅读此文，你明白了一个什么道理？

4. 请用“对牛弹琴”造一句子。

【参考答案】

1. “非牛不闻，不合其耳矣。” 2. 对比。 3. 说话、做事要看对象。 4. （略）。

（商和永　马洪波　廖英刚）

小儿不畏虎

有妇人昼日置二小儿沙上而浣①衣于水者。虎自山上驰来，妇人仓皇沉水避之。二小儿戏沙上自若。虎熟视久之，至以首抵触，庶几②其一就③惧；而儿痴，竟不知。虎亦寻④卒去。噫，虎之食人，先被⑤之以威；而不惧之人，威亦无所施欤！

【注释】

①[浣]洗。 ②[庶几]有那么一点。在这里有“有点想，抱有那么一点希望”之意。③[就]靠近。 ④[寻]不久。 ⑤[被]施及。

【译文】

有一个妇人，白天把两个小孩放在沙滩上，自己到河边去洗衣服。老虎从山上跑下来，妇人匆忙而惊慌地跳到水里躲起来。两个小孩还是不变常态地在沙滩上玩耍。老虎把孩子看了很久，甚至用脑袋去碰他们，希望其中之一害怕；可是小孩傻乎乎地竟然不知道害怕。不大功夫，虎也就走了。估计老虎吃人，总是先施加恫吓；可是对于不怕吓的人，恫吓也就无从施展了。

【简析】

两小儿面对猛虎而“戏沙上自若”，是因为不知道老虎的厉害。正所谓“无知者无畏”，“初生牛犊不怕虎”，因为他们的心目中没有权威，没有框框。当然老虎的“威”也就“无所施”了。我们无论做人、治学还是工作，不可以从中受到一点启发吗？

【思考题】

1. 虎来后，小儿为什么还“戏沙上自若”？
2. 读了本文，你受到了哪些启示？

【参考答案】

1. 因为小儿不知道老虎的厉害，所以不怕虎。 2. ①要有不畏权威，不畏强权的精神。 ②青年人没有固有的经验，要大胆地开拓创新，不要畏首畏尾。

（陈　靖）

附　录

一　文言文阅读概述

新大纲要求，中学生应该能够“诵读古代诗词和浅易文言文，能借助工具书理解内容，背诵一定数量的名篇”。在新编的初中语文教科书中，也相应地增大了文言文所占比例，古典诗词和文言文占全部课文的30%左右。因此，掌握好文言文，对中学生来说有着特别重要的意义。明白了文言文的重要性，就要想方设法去学好它，达到教学大纲的要求。那么，如何提高文言文的阅读水平呢？

一般来说，要提高中学生的文言文阅读水平，应从以下几个方面入手：

一、知识上积累归纳。积累常用的文言词语，熟悉常见的文言句式。

这里讲的“常用”，是指那些使用频率高或生命力强的词语。这些词语在文言文中出现的频率最多，像通假字、一词多义、古今异义词及常见虚词的用法等，掌握好它们就为阅读文言文打下了良好的基础。同时还要识记一些典型例句，熟悉常见的文言句式。掌握这些文言文的常用词语和句式时，要注意做到“字不离句，句不离篇”，联系上下文得出正确的理解。

在这些知识积累到一定程度的时候，就可以结合学过的文言知识进行整理归纳，总结规律，使知识系统化。这种对文言词语和句式的整理归纳，可以在一篇文章内进行，也可以扩大范围。

二、理解、诵读佳作。经常朗读、背诵一些优秀的文言文篇章或段落。

诵读是学习文言文的基本方法。俗话说：“熟读唐诗三百首，不会作诗也会吟。”只有反复朗读，并背诵一定数量的文言文佳作，才能获得丰富、牢固的感性知识，培养起阅读文言文的语感。新《大纲》为强调诵读的重要性，还特别附录了古诗文背诵推荐篇目，要求中学生对这些名篇佳作做到朗朗上口。需要强调的是，诵读必须在理解内容的前提下进行。如果对词语句式没有弄懂，这样的诵读，对提高文言文的阅读能力是没有多少帮助的。只有在理解了词语、句式，

"一字一句,分晓真切"的前提下,反复诵读,才能对提高文言文的阅读能力起到突出的作用。

三、领悟中进行鉴赏。从整体上理解文章,并进行深入的感悟和鉴赏。

要真正读懂一篇文言文,除了积累一定量的文言知识外,还要善于利用语言环境,进行比较分析,推断出词句在文章中的深刻含义,从整体上把握、感悟文章。初中语文课本中有很多文质兼美的文言文精品,不断地领悟,就能准确地把握文章的主旨,我们的鉴赏能力也会逐渐得到提高。这样,阅读文言文时,我们就有条件在疏通好词句的基础上,去领悟作品塑造人物形象的方法,欣赏个性鲜明的人物特点。例如我们读王安石的"春风又绿江南岸,明月何时照我还"时,在理解诗句意义的基础上,就可以进行赏析。通过分析比较,我们知道"绿"字化静为动,使全句活了起来,要比"到""过"等字好。这是对诗歌的浅层领悟。再联系"春草明年绿,王孙归不归""晴川历历汉阳树,芳草萋萋鹦鹉洲。日暮乡关何处是,烟波江上使人愁"等诗句,我们就会进一步感受到,这是他乡游子看到异地的绿意,自然涌起的对家乡的思念。王安石有这种思乡之情,所以诗句中选用"绿"字。异乡的草绿了、树绿了,家乡的景象又如何呢?乡愁于是便充溢于心了。这样换一个角度去看,感受会更深刻,就进入了鉴赏诗歌的境界。

四、在课外拓展视野。在掌握好课内文言文的前提下,增加课外阅读量。

课内的文言文数量有限,仅靠课内进行阅读训练,没有必要的拓展和延伸,缺少巩固迁移的练习机会,很难形成文言文的阅读能力。因此,我们要相应地加强文言文的课外阅读,其课外阅读量应占到整个课外阅读量的15%~20%以上。选择一些与课文深浅程度相当的、有注释的文言作品作为课外阅读材料,把课堂上学过的文言知识运用到阅读实践中去,并在运用中加以巩固、深化,使课内精读与课外博览相结合,文言文的阅读能力就能形成并不断提高。

要提高文言文的阅读水平,不是一朝一夕的事。但只要在思想上高度重视,掌握了科学的学习方法,长期坚持下去,你的文言文阅读水平一定会有显著的提高,理解能力也会不断增强。

(吕　洁)

二　文言文的朗读与背诵

一、熟读课文

熟读要读准字音，读好停顿并努力读出语气。

（一）读准字音

特别要注意读准生字字音，易读混字的字音，多音字和通假字的字音。

1. 生字和易误读的字的字音。

①中道崩殂（cú）　②长（zhǎng）史　③咨诹（zōu）善道　④夙（sù）夜忧叹　⑤猥（wěi）自枉屈　⑥陟（zhì）罚臧否（pǐ）　⑦以彰其咎（jiù）　⑧望其旗靡（mǐ）　⑨徒縻（mí）弹药　⑩樯（qiáng）倾楫（jí）摧　⑪岸芷汀（tīng）兰　⑫谪（zhé）守巴陵郡　⑬嗣（sì）　⑭莅（lì）事者　⑮顿踣（bó）　⑯恂恂（xún xún）　⑰隳（huī）突　⑱缶（fǒu）　⑲殚（dān）　⑳蹙（cù）　㉑以俟（sì）夫（fú）观人风者得焉　㉒贻（yí）　㉓箬（ruò）蓬　㉔髯（rán）　㉕幽邃（suì）　㉖阡陌（mò）　㉗垂髫（tiáo）　㉘怡（yí）然自乐　㉙诣（yì）　㉚风景旧曾谙（ān）　㉛戍（shù）轮台　㉜机杼（zhù）　㉝鞍鞯（jiān）　㉞辔（pèi）头　㉟啾啾（jiū jiū）　㊱金柝（tuò）　㊲赴戎（róng）机　㊳濯（zhuó）清涟　㊴亵（xiè）玩　㊵齑（jī）粉　㊶要隘（ài）　㊷骛（wù）伏　㊸鸷（zhì）　㊹剽（piāo）疾　㊺阴翳（yì）蔽日　㊻诏（zhào）　㊼敌兵果舁（yú）炮至　㊽斫（zhuó）　㊾始龀（chèn）　㊿穷匮（kuì）　(51)愠（yùn）　(52)诲（huì）人不倦　(53)齁（hōu）声　(54)辗（niǎn）冰辙（zhé）　(55)红绡（xiāo）　(56)何恃（shì）而往　(57)睨（nì）　(58)微颔（hàn）之　(59)缀（zhuì）　(60)苫（shàn）蔽　(61)耽耽（dān dān）　(62)弛（chí）担　(63)瞑（míng）　(64)尻（kāo）　(65)假寐（mèi）　(66)黠（xiá）　(67)羌（qiāng）笛　(68)万仞（rèn）　(69)笼盖四野（yǎ）（古音）　(70)鬓毛衰（cuī）（古音）

2. 多音字的字音。

有些字在不同的语境中有不同的读音，字义也随之不同。下面举课文中主要的多音字，以帮助学习（词类活用后读音变化的不包括在内）。

称 ①chēng(称赞)先帝称之曰能
称 ②chèn(相当)(例略)

号 ①háo(大声哭)号呼而转徙
号 ②hào(号令)开火者,军中发枪之号也

当 ①dàng(顶替)募有能捕之者,当其租入
当 ②dāng(面对)木兰当户织

更 ①gēng(换)更若役,复若赋
更 ②gèng(再、重)劝君更尽一杯酒,西出阳关无故人

腊 ①xī(把肉晾干)腊之以为饵
腊 ②là(农历十二月)寒冬腊月

奇 ①qí(奇特)明有奇巧人
奇 ②jī(余数)长约八分有奇

度 ①duó(推测)度不中而轻发,徙糜弹药
度 ②dù(越过)关山度若飞

应 ①yìng(应征)急应河阳役
应 ②yīng(应当)凡所应有,无所不有

夫 ①fū(旧时成年男子的通称)荷担者三夫
夫 ②fú(那)以俟夫观人风者得焉

3. 通假字及通假字字音(音不变的不注)。

必能裨补阙漏(阙—缺)　小惠未徧(徧—遍)　百废具兴(具—俱)　属予作文以记之(属 zhǔ—嘱)　非死则徒尔(尔—耳)　困于心,衡于虑(衡—横)　曾益其所不能(曾 zēng—增)　入则无法家拂士(拂 bì—弼)　亲戚畔之(畔—叛)　诎右臂支船(诎—屈)　左手倚一衡木(衡—横,又见《〈孟子〉二章》"衡于虑")　盖简桃核修狭者为之(简—拣)　便要还家(要 yāo—邀)　对镜帖花黄(帖—贴)　出门看火伴(火—伙)　始一反焉(反—返)　汝之不惠(惠—慧)　河曲智叟亡以应(亡 wú—无)　一厝朔东(厝—措)　无陇断焉(陇—垄)　满坐寂然(坐—座)　扁鹊望桓侯而还走(还 xuán—旋)　汤熨之所及(汤 tàng—烫)　火齐之所及(齐 jì—剂)　不亦说乎(说 yuè—悦)　系向牛头充炭直(直—值)　风吹草低见牛羊(见 xiàn—现)　止增笑耳(止—只)

(二)读好停顿,努力读出语气

要注意句子中的停顿处,不要读破句子。

1. 基本了解句意、词义才能处理好句中的停顿。

例如《桃花源记》中"余人各复延至其家"一句,如句子断成"余人/各复延/

至其家”，这是对句意不理解，对“复”和“延”词义不清，对谁“至其家”理解错误，当你知道“各复”是“各又”的意思，“延”讲做“邀请”，是请“渔人”（省略）“到自己家去”。就应读成“余人/各复/延至其家”。再如《狼》中“两狼之并/驱如故”（错），“两狼之并驱/如故”（正确）。“屠乃奔/倚其下”（错），“屠乃/奔倚其下”（正确）。

2. 借助所学的语法知识，有助于把句中停顿读准，句意就能更明。

例如《狼》中“其一犬坐于前”句，是读作“其一犬/坐于前”还是“其一/犬坐于前”？要看“犬”是不是这句的主语。看原文全句是“途中两狼……少时，一狼径去，其一犬坐于前”。整句的主语是“狼”，那么“其一”是指“两狼”中的“一狼”，而不是“一犬”。那么“坐”是动词谓语，“犬”是修饰“坐”的状语（在文言中常见名词用如副词性，作状语用），讲做“像狗一样（蹲坐）”，主语还是“狼”，那就应读做“其一/犬坐于前”。同样地，也可把下面一些句断准：“皆若空游/无所依”，“潭/西南而望，斗折/蛇行”。基本了解句中词间语法结构，并了解句的主要意思，那么很多句都可读准其停顿，也可更好地通过诵读而理解其内容。读出语气则更可体会到它的感情色彩，如“悉/吾村之众，精/技击者/不过百人”。“予观夫/巴陵胜状”，“然则/何时而乐耶？其必曰‘先/天下之忧/而忧，后/天下之乐/而乐’乎”。

3. 单音词和双音词。

现代汉语中的一些双音词，在文言文里常常是两个单音词，词义与现代汉语也有所不同，读时就要将两个单音词分开，也不能误讲成现代汉语的意义。

例如：“屠暴起，以刀劈狼首”。句中的“刀、劈”是两个词，应读做“以刀/劈狼首”。又：“转视积薪后，一狼洞其中”，句中“狼洞”不是一个词，而是“一狼/洞其中”。如《岳阳楼记》中的“其喜洋洋者矣”，“喜洋洋”是现代汉语的词，句中是“其喜/洋洋者矣”，词的搭配、读法、讲法与现代汉语不同。又如：《捕蛇者说》中的“而乡邻之生/日蹙”，“生”是“生活”的意思，“日”是“一天天”的意思，而不是“生日”。

二、背诵基本课文

要在理解的基础上熟读成诵，对所背诵的文字要能辨别出正误。熟读时要读准字音，读好停顿，读出语气，经反复熟读，会更有助于理解，也就更易进入背诵，而且印象更深，有时可达到终身不忘。

对背诵的文字要能辨别出错误与否，主要应能辨别出下边几种错误：

1. 辨别读音和书写上的错误。

例如：“陛下亦宜自谋……深追先帝遗招”，“招”字是因“诏”的读音错，而书写错的。

2. 辨别丢字、添字的错误。

例如:“村中闻有人,咸来问讯”,句中“人”字前丢了“此”字,句意也就有误。如“有朋友自远方来,不亦说乎”,句中多了一个“友”字,误把现代汉语的双音词用到文言中,文言中“朋”和“友”是两个词,词义也有不同处。

3. 辨别语序的错误。

例如:“居庙堂之高则忧其民;处江湖之远则忧其君。是退亦忧,进亦忧。”其中后一句的“退……进……”语序颠倒,上下句就不能呼应,变得“居庙堂之高”是“退隐”了,显然语序颠倒了。

(张子辉)

三　文言文的阅读技巧

一、了解课文大体意思

学习时主要抓三个方面：

（一）了解有关文言语句特点的知识。课文内容是通过语言文字表达出来的，语言与内容不可分割。了解了文言语言特点的有关知识，大有助于了解课文基本内容。现在把文言语言特点的主要情况分析如下：

首先，文言中大多是单音词。这些单音词，用现代汉语来对译，基本都变为双音或多音词。例如："越明年，政通人和，百废具兴，乃重修岳阳楼。"用现代汉语的词语翻译则是："到了第二年，政事顺利，百姓和乐，各种荒废了的（事情）都兴办了起来。于是重新修建岳阳楼。"原句中的"岳阳楼"是固定名词，多音节词；"明年"也不同于现代汉语中的"今年、明年"的"明年"，而是做"第二年"讲，其他全是单音词，即一个字就是一个词。又如"吾视其辙乱，望其旗靡，故逐之"，这句全是一字即一词的单音词。其他一般文言语言中皆有此现象。有些看似双音词，而实际是由两个单音词组成的短语，与现代汉语中同形的双音词含义不一样。如：妻子（妻子、儿女），交通（交错相通），卑鄙（卑微、低下），牺牲（祭神的牛羊和猪等祭品），亲戚（父母、兄弟等），间隔（断绝来往），无论（不要说），绝境（与世隔绝的地方），问所从来（从哪里来），谍报（侦探报告），陇断（山川阻隔），结束（整好装束），等等。了解文言用语中这一特点，对读准句中的停顿，了解句意从而了解文意是很有用的。

其次，词的古义和今义的不同。古今同字形的词，随着社会前进，语言的发展，今天的含义与古代的含义相比，发生了变化。有的词义扩大了，有的词义缩小了，也有的词义不同了，以致读音都有明显变化。在理解古今词义变化中，难点在"异"。学习时重在辨异。对有变化的词义如果了解不清，就会影响理解句意甚至文意。基本课文中这类词有相当数量，择主要的、易混的分列如下：

1. 词义的转移（包括一个词部分义项有变化的）。

小大之狱（古，刑讼案件；今，关押犯人的监狱）

兵甲已足（古，兵器、武器；今，士兵）

兵革非不坚利也（古，铠甲；今兽皮、皮革）

七里之郭（古，外城为郭；今，姓氏）

腊之以为饵（古，xī，把肉晾干；今，là，农历十二月）

汪然出涕（古，眼泪；今，鼻涕）

寻向所志（古，先前；今，表对象的介词）

寻病终（古，副词，不久；今，动词，寻找）

但闻黄河流水（古，副词，只；今，转折连词）

双兔傍地走（古，跑；今，行走）

方七百里（古，方圆；今，方向或指形状）

一狼径去（古，离开或距离；今，往）

遗金一饼（古，块；今，一种食品）

乃捐金于野（古，丢弃；今，献出）

蜀之鄙有二僧（古，边远地区；今，品质低劣）

顾不如蜀鄙之僧（古，反而；今，照顾）

欲买舟而下（古，租、雇；今，拿钱购买）

另有前面已在单音词一节中列举的，两个单音词组合的短语，其含义已不在现代汉语中出现，如“妻子”“交通”等。

2. 词义的扩大。

河阳之北（古，主要指黄河；今，泛指一般的河流）

3. 词义的缩小。

遗金一饼（古，泛指金属或兵器；今，专指黄金）

4. 一词多义现象。

一词多义是古今词语中共有的现象。同一词在不同句中，它用的是哪一个义项，把这一点较准确把握住，便能较好地了解句子的确切意思，因此整理、总结一些常用词并分列出它的义项、例句，对学习文章是大有裨益的。现整理基本课文主要的多义项的部分词，供学习参考。

故
- ①既克，公问其故（缘故）
- ②故克之（所以）

师
- ①齐师伐我（军队）
- ②三人行，必有我师焉（老师）

从
①战则请从（跟从）
②其印为予群从所得（次于最亲的亲属）
③民弗从也（顺从）

薄
①薄暮冥冥（迫近）
②薄如钱唇（“厚”的反义）

或
①而或长烟一空（有时候）
②或异二者之为（也许）

若
①貌若甚戚（好像）
②若毒之乎（你）

食
①甘食其土之有（吃）
②谨食（sì）之（喂养）

戚
①貌若甚戚者（悲伤）
②亲戚畔之（亲、戚，因婚姻联成的关系）

居
①佛印居右（处在）
②不可久居（停留）
③居十日，扁鹊复见（止息，待 dāi）
④面山而居（居住）

具
①此人一一为具言所闻（详细）
②各具情态（具有，具备）

绝
①来此绝境（与世隔绝）
②绝类弥勒（极、最）

曾
①计其长曾不盈寸（竟然）
②曾不能毁山之一毛（竟，却，简直）

端
①不能指其一端（方面）
②东坡右手执卷端（物品的一头）
③其人视端容寂（端正）

计
①何以为计（计策）
②计其长，曾不盈寸（计算）

比
①两膝相比（天涯若比邻）（挨着）
②比吾乡邻之死，则已后矣（比起）

余
①余寒犹厉（剩下）
②余闻而愈悲（我）

伐
①伐竹取道（砍倒）
②齐师伐我（攻打）

可
- ①不可久居（可以）
- ②不可知其源（可能）
- ③高可二黍许（大约）

志
- ①处处志之（做记号）
- ②寻向所志（记号）

为
- ①武陵人捕鱼为业（作为）
- ②不足为外人道也（对）
- ③为坻（chí）为屿（形成）

及
- ①及郡下（到）
- ②及敌枪再击（等到，介词）

鲜
- ①芳草鲜美（鲜艳）
- ②陶后鲜（xiǎn）有闻（少）

亡
- ①与其坐而待亡（死）
- ②日知其所亡（wú）（“亡”同“无”，没有）

诸
- ①率诸少年（众，多）
- ②投诸渤海之尾（“之于”合成）

轻
- ①度不中而轻发（轻易）
- ②尔安敢轻吾射（轻视）

已
- ①惧其不已（止，停）
- ②已后典籍皆为板本（“已”同“以”，介词）

且
- ①年且九十（将）
- ②且焉置土石（况且）

指
- ①手有百指（手指头）
- ②不能指其一端（指出）

绝
- ①以为妙绝（极点）
- ②群响毕绝（断、停）

敌
- ①恐前后受其敌（攻击）
- ②乃悟前狼假寐，盖以诱敌（敌人）
- ③足下以一军敌彼二军（相当，匹敌）（见非基本篇目）

意
- ①意暇甚（神情态度）
- ②意将隧入（想要）

止
- ①止有剩骨（只）
- ②一狼得骨止（停下）

（二）了解一点古文化知识。要了解课文的基本内容，还应有一点课文内容涉及的有关古代人、事、名物、官职、称谓等一般的古文化常识。这些注释上基本都有，要利用注释来排除理解内容时的障碍。例如，《出师表》中称去世的帝君为“先帝”，用“崩”专指天子的死，“陛下”则是对当前帝王的尊称。对上、对长者时，自己只能称“名”而绝不能用“字、号”，诸葛亮号孔明，上表时当然只能自称“臣”“亮”。这些虽都是古代称谓中的规矩，但在文章中也处处充分表现了诸葛亮的谦虚谨慎，不失臣子身份，表明了忠于后主，欲报先帝的心迹。古人对人的姓名表示法，是常读错的。只要平时读文章时加以注意，这样就会逐渐熟悉。如《卖油翁》中的“陈（姓）康肃（谥号）公（对男子的尊称）尧咨（名）”，懂得了这一句的姓氏表现法，对这篇文章出处的注释就可以仿此来了解，注释上注为“选自《欧阳文忠公文集·归田录》”，课题下标的作者是欧阳修，那么“欧阳（姓）文忠（谥号）公（尊称）……文集，”显然是欧阳修的一部文集。《核舟记》中“虞山（地名）王（姓）毅（名）叔远（字）甫刻”，“甫”是古代男子的美称。《岳阳楼记》中有“谪”（贬职）、“迁客（被贬降的人）骚人（诗人墨客）”。称年代则是“庆历（宋仁宗年号）四年”，这是以帝皇即位年来纪年的。再如《愚公移山》中涉及到的地理方位“河阳、汉阴、朔东、雍南”等，这也对愚公移大山的坚强毅力从搬的山的地理位置，做了衬托。“河阳（水的北岸为阳）”“汉阴（水之南岸）”，指山和水的南、北，都有固定的说法。关于这类古文化常识，借助注释懂得一些，对了解课文内容是不可缺的。

（三）能写出课文的段落内容要点，概括出中心思想。要概括段落要点，先应看清这段可分几小层或有哪些重要的句子，各写了什么内容，把各层（句）相关内容归类集中，概括出它的要点。如《小石潭记》，看全文知是按游览顺序写的，从发现潭一直写到离去。文章可分三部分。以第一部分即第一段为例：“从小丘西行百二十步”指出方向和位置，“小丘”是前一篇已游过的那个“小丘”，是小石潭方位的参照物。接着一句是“渐闻水声”，于是“伐竹取道”而行，发现了这个石潭。接着写“全石以为底”，写“近岸”石的形状，还有附石而生的“青树翠蔓”，写出潭边景物与潭水相互辉映的图案，也说明环境的清幽。这是初见时的印象，为下边重点写“趣”作了铺垫。据这几个重点，可以概括这一段是写“发现小石潭的经过和潭的概貌”。

还可以通过抓住体现段落主要内容的词语来概括内容要点。例如《核舟记》中全文主体的开头一段，这部分写了核舟长、高、舱、窗、雕栏、窗上刻的16个字及它的色泽。这样，可概括这一段是“详细介绍核舟的形状、结构和舟上的题名”。这是抓了一些关键词语来概括的。

以上从三方面介绍了要了解课文基本内容需要整理出的知识和学习的方法，当然还有如文言句式、作品背景等，对了解课文也是有意义的。

二、理解文章的基本内容

“理解”比“了解”是高一个梯度的要求，这就要做到以下三个方面：

一是理解课文写了什么人和事，进而理解其中所阐发的道理。如《〈孟子〉二章》中的《生于忧患，死于安乐》第一段，一连举了六个著名的历史人物，如概括内容，则就可写为“举六个著名历史人物的出身和经历”，现在要求“理解”举这些例子是为了说明什么道理，或为下文提供什么样的事实根据，就可概括为“六个例子写出他们都经历磨难，由卑微到显赫，为论证人才要在逆境中造就提供事实依据”。理解一个段落如此，理解全文也是如此。

二是理解课文所表达的思想感情。如《捕蛇者说》中所表达的对“赋敛之毒”的强烈不满和对劳动人民悲惨遭遇的同情。《岳阳楼记》中，抒发了“先天下之忧而忧，后天下之乐而乐”的胸襟和抱负。这都是在了解课文的语言、内容基础上，进而分析其阐述的道理和所表达的思想感情。

三是能够用原文（而不仅是自己的话）来回答课文内容方面的问题。这是必须在理解了原文关键的语言、内容和作出词语筛选后才能准确回答的。多了词或句、漏了关键性的词语就不能准确表达。例如下边这道题：

> 三里之城，七里之郭，环而攻之而不胜。夫环而攻之，必有得天时者矣，然而不胜者，是天时不如地利也。
>
> （《〈孟子〉二章》）

（1）守城一方的“地利”条件是怎样的？（用原文回答）

答：地利条件主要有“三里之城，七里之郭”。

（2）攻城一方采用了怎样的进攻手段？占有怎样有利的客观条件？

答：攻城一方采用了“环而攻之”的手段。占有“得天时”的客观条件。

（3）攻城的结果怎样，说明了什么道理？

答：结果是“不胜”。说明了尽管占有“得天时”的有利条件，但“天时不如地利”还是不能制胜。（这就为下一层“地利不如人和”和突出本文论点主要是“人和”，即“得道多助，失道寡助”的结论作有力的推论论述提供了论据。）

用原文回答是进一步考查对课文从语句到内容理解程度及筛选、表达能力的一种主要手段。如上题，即使原文全段抄上也不是答案所要求的，仍表现了对课文内容、思想并没能真正理解。总之，学习好文言文，要较系统地抓熟读，抓背诵，同时要通过语言进一步了解文章内容，达到能分析理解课文所表达的道理和思想感情的目的。

（张子辉）

后 记

伴着新世纪的脚步,这本《精短文言文选读》终于和读者见面了。这是我们全体编写人员六个多月辛勤劳动的结果,也是向广大中学生朋友献上的一份微薄的礼物。

为了编好这本书,我们精心策划,认真组织,严把质量。参加编写的同志都是在教学一线工作了多年的富有经验的优秀教师。他们对中学生朋友在文言文学习方面的要求和问题把握得准确,对中考精神和要求理解得透彻,所以,编写时现实针对性就强。每篇选文可以说都是文言短文中的精品,内容分析、思考题的设计都从初中生的思维特点出发,以期达到既能扩大知识面,又能培养阅读能力的目的。我们不敢说读了这本书,学生的语文素质就会有大幅度提高,但它必将对学生的语文学习产生一定的积极影响。我们希望这本书能成为广大中学生的良师益友。

在本书的编写过程中,我们得到了济南市教研室吕清老师的真诚关怀和悉心指导,得到了市中区教研室的大力帮助,得到了全省各地市语文界广大同仁的积极协助,在此,我们一并表示感谢。

由于时间较紧,资料不足,加之我们的水平有限,书中的讹误和不妥之处在所难免,还请各位老师和中学生朋友们批评指正。

编　者

2003 年 1 月

图书在版编目(CIP)数据

精短文言文选读/马千里主编．—2版．—济南:山东人民出版社,2001.4(2020.6重印)
(中学语文读写丛书)
ISBN 978-7-209-02752-6

Ⅰ.精… Ⅱ.马… Ⅲ.文言文—中学—课外读物
Ⅳ.G634.303

中国版本图书馆CIP数据核字(2001)第19222号

责任编辑:王　路

精短文言文选读
马千里　主编

山东出版传媒股份有限公司
山东人民出版社出版发行
社　址:济南市英雄山路165号　邮　编:250002
网　址:http://www.sd-book.com.cn
市场部:(0531)82098027　82098028

新华书店经销
山东华立印务有限公司印装

规　格　16开(169mm×239mm)
印　张　16.25
字　数　200千字　插页2
版　次　2010年1月第2版
印　次　2020年6月第9次
ISBN 978-7-209-02752-6
定　价　16.80元